KiWi 250

Günter Wallraff

Industriereportagen

Als Arbeiter
in deutschen Großbetrieben

Mit einem Nachwort
von Leo Kreutzer

Kiepenheuer & Witsch

Titel der Erstausgabe *Wir brauchen dich*
© 1966 by Günter Wallraff
© 1991 by Verlag Kiepenheuer & Witsch, Köln
Umschlag Manfred Schulz, Köln
Gesamtherstellung Clausen & Bosse, Leck
ISBN 3 462 02143 5

Inhalt

Am Fließband
Ford, Köln

»Für Angestellte oder für Lohnempfänger?« fragt das Fräulein vom Personalbüro am Telefon.
Ich bin nicht der einzige, der sich am nächsten Morgen bei Ford bewirbt. In dem modern möblierten Raum sind alle fünfzig Plätze besetzt. Ein paar Männer lehnen an den Wänden. Die meisten Italiener, Griechen und Türken sind ärmlich angezogen.
Über der Tür zum Personalbüro hängt ein Schild, worauf in drei Sprachen steht: »Nur nach Aufforderung durch den Lautsprecher eintreten!«
Ich habe einen Fragebogen ausgefüllt und in den Schlitz an der Wand geworfen. Meine »Personalien«, »bisherige Ausbildung«, ob ich »Schulden« habe, »Pfändungen in Sicht« und ob ich »vorbestraft« bin?
Der Lautsprecher ruft meinen Namen auf: »Kommen Sie bitte herein.«
Der Herr im Personalbüro begreift nicht, daß ich unbedingt ans Fließband will. Er bietet mir einen Schreibposten in der Betriebsprüfung an und telefoniert schon mit der zuständigen Stelle. Er ist gekränkt, als ich entschieden abwinke.
Ich sage ihm: »Ich hab den ganzen Bürokram satt. Möchte von unten anfangen wie mein verstorbener Vater, der auch am Band gearbeitet hat.« Er läßt nicht nach: »Sie wissen nicht, was Ihnen bevorsteht! Das Band hat's in sich! Und wollen Sie auf das Geld verzichten, das Sie im Büro mehr verdienen? Außerdem sind am Band fast nur noch ausländische Arbeiter beschäftigt.« Dieses »nur ausländische Arbeiter« klingt wie »zweitklassige Menschen«.
Als er einsieht, daß er mich nicht überzeugen kann, entläßt er

mich mit der Bemerkung: »Sie werden ganz bestimmt noch an mich denken. Wenn es zu spät ist. Wer einmal am Band ist, kommt so leicht nicht wieder davon weg.«

Der Betriebsarzt will wissen, in welche Abteilung ich möchte. Als ich sage, »ans Band«, schüttelt er den Kopf. »Freiwillig ans Band? Das gibt's doch nicht.« Auch hier muß ich einen Bogen ausfüllen, auf dem nach allen möglichen Krankheiten gefragt wird. Ob ich »nachts schwitze«? Ob »Glieder fehlen«? Ob ich »in einer Heil- und Pflegeanstalt behandelt« worden bin?

Ich bin angenommen worden. Morgen geht's los.

Der erste »Arbeitstag« ist mit Vorträgen ausgefüllt. Zwei Fremdarbeiter werden wieder fortgeschickt. Sie müssen erst zur Polizei und eine Aufenthaltsgenehmigung beibringen. Sie sagen, daß sie dort schon waren und erst eine Arbeitsstelle nachweisen müßten, um eine Aufenthaltsgenehmigung zu bekommen.

Die vortragenden Herren betonen, daß auch sie einmal »von ganz unten angefangen« haben. »Sogar unser technischer Direktor hat als kleiner Facharbeiter begonnen. Hatte natürlich den Vorteil, daß er von USA rübergekommen ist. Typischer Selfmademan.« (Daß es so etwas auch nur in der Gründerzeit der Ford-Werke gab, verschweigt man wohlweislich.)

Zuletzt erscheint jemand vom Betriebsrat. Einer von uns ruft ihm das Stichwort »Kollege« zu, das er auch freudig aufgreift, seine Rede beginnt mit »Liebe Kollegen«.

Er erklärt, daß uns bei den Ford-Werken nichts geschenkt wird. »Hier ist jeder zu 140 Prozent in die Produktion eingespannt. Acht-Stunden-Tag, schön und gut, aber wer seine acht Stunden auf dem Buckel hat, weiß auch, was er getan hat.« Wir erfahren von einem Rechtsstreit zwischen der IG Metall und dem Werk. Vom Beitritt des Werkes in den Arbeitgeberverband und von einem »ominösen« Tarifvertrag. »Mehr darüber zu sagen erlaubt mir das Betriebsverfassungsgesetz nicht.« Er berichtet noch, daß der Betriebsrat zur Zeit einen innerbetrieblichen Kampf mit der Direktion führe. »In einer Halle ist die Entlüftung katastrophal. Bisher hat man unseren Antrag wegen zu hoher Kosten abgewimmelt, aber wir werden nicht lockerlassen.«

Er schließt seinen Vortrag mit der Aufforderung, der Gewerkschaft beizutreten. »Der organisierte Arbeiter hat mehr Rechte. Er läßt nicht über seinen Kopf hinweg bestimmen.«

Zwei Tage später beginne ich mit der Spätschicht. Mit einer Gruppe Italiener werde ich zur Y-Halle geführt. Ein Italiener bringt mich zu meinem künftigen Arbeitsplatz.

Manches ist ungewohnt für mich. Das Stempeln zum Beispiel. (Bei nur einer Minute Verspätung wird eine Viertelstunde vom Lohn einbehalten.) Oder das Öffnen und Vorzeigen der Aktentasche beim Passieren des Pförtners. (Bei verschärfter Kontrolle kann eine Art Leibesvisitation vorgenommen werden.)

»Das Band frißt Menschen und spuckt Autos aus«, hatte mir ein Werkstudent gesagt, der selbst lange Zeit am Band gearbeitet hatte. Wie das gemeint war, sollte ich bald erfahren. Alle anderthalb Minuten rollt ein fertiger Wagen vom Band. Ich bin am letzten Bandabschnitt eingesetzt. Muß kleinere Lackfehler ausbessern, die es an jedem Wagen noch gibt. Da ist weiter nichts dabei, denke ich anfangs, als ich sehe, wie langsam das Band vorwärtskriecht.

Eine Frau arbeitet mich ein. Sie ist schon vier Jahre am Band und verrichtet ihre Arbeit »wie im Schlaf«, wie sie selbst sagt. Ihre Gesichtszüge sind verhärtet.

Linke Wagentür öffnen. Scharniersäule nachstreichen. Das abgeschliffene Scharnier neu streichen. Griff für die Kühlerhaube herausziehen. (Er klemmt oft.) Kühlerhaube aufklappen. Wagennummer mit Lack auslegen. Rechte Wagentür wie bei der linken. Kofferraum öffnen und nach eventuellen Lackfehlern suchen. Zusätzlich noch auf sonstige Lackfehler achten, die bei sorgfältiger Prüfung immer zu finden sind. Mit zwei Pinseln arbeiten. Der große für die Scharniersäule, die von der Wagentür halb verdeckt ist und an die man schlecht herankommt; der kleine für feinste Lackfehler zum Auslegen, was besonders viel Zeit in Anspruch nimmt. Außerdem immer wieder zu den Lacktöpfen zurücklaufen, Pinsel säubern und Farbtöpfe wechseln, weil die Wagen auf dem Band in kunterbunter Reihe erscheinen. Zusätzlich auf den Laufzetteln der Wagen meine Kontrollnummer vermerken.

Noch arbeiten wir zu zweit. Ich begreife nicht, wie die Frau allein damit fertig geworden ist. Nach zwei Tagen Einarbeiten wird die Frau versetzt, zum Wagenwaschen. Damit ist sie nicht einverstanden. Sie fürchtet um ihre Hände, die vom Benzin ausgelaugt werden. Aber danach fragt keiner. Der Meister geht ihr aus dem Weg.

Ich frage sie, ob sie sich nicht an einen »Vertrauensmann« wenden kann, aber von dessen Existenz weiß sie nichts.

Allein werde ich mit der Arbeit nicht fertig. Ich übersehe kleine Lackschäden, aber man ist nachsichtig. »Mit der Zeit haut das schon hin.«

Punkt 15.10 Uhr ruckt das Band an. Nach drei Stunden bin ich selbst nur noch Band. Ich spüre die fließende Bewegung des Bandes wie einen Sog in mir.

Wenn das Band einmal einen Augenblick stillsteht, ist das eine Erlösung. Aber um so heftiger, so scheint es, setzt es sich danach wieder in Gang. Wie um die verlorene Zeit aufzuholen.

Die Bandarbeit ist wie das Schwimmen gegen einen starken Strom. Man kann ein Stück dagegen anschwimmen. Das ist erforderlich, wenn man einmal zur Toilette muß oder im gegenüberliegenden Automaten einen Becher Cola oder heißen Kaffee ziehen will. Drei, vier Wagen kann man vorarbeiten. Dann wird man unweigerlich wieder abgetrieben. J., vom Band nebenan, 49 Jahre alt, erinnert sich an frühere Zeiten: »Da war noch Luft drin. Wo früher an einem Band drei Fertigmacher standen, arbeiten heute an zwei Bändern vier. Hin und wieder kommt der Refa-Mann mit der Stoppuhr und beobachtet uns heimlich. Aber den kenne ich schon. Dann weiß ich: Bald wird wieder jemand eingespart, oder es kommt Arbeit dazu.«

Aber J. beklagt sich nicht. »Man gewöhnt sich daran. Hauptsache, ich bin noch gesund. Und jede Woche ein paar Flaschen Bier.«

Jeden Tag nach Schichtende, 23.40 Uhr, setzt er noch ein paar Überstunden dran und kehrt mit zwei andern unseren Hallenabschnitt aus. Ich bin nach acht Stunden erledigt. Die Frühschicht soll besser sein, hat man mir gesagt. »Man gewöhnt sich mit der Zeit an alles.«

Einer von meinem Bandabschnitt erzählt, wie der dauernde Schichtwechsel »langsam, aber sicher« seine Ehe kaputtmacht. Er ist jung verheiratet – ein Kind –, seit drei Monaten neu am Band. »Wenn ich nach Hause komme, bin ich so durchgedreht und fertig, daß mich jeder Muckser vom Kind aufregt. Für meine Frau bin ich kaum mehr ansprechbar. Ich sehe kommen, daß sie sich scheiden läßt. Bei der Spätschicht ist es am schlimmsten. Meine Frau ist jetzt für eine Zeitlang mit dem Kind zu ihrer Mutter gezogen. Das ist mir fast lieber so.«

Wer am Band mein Meister ist, weiß ich nicht. Es kam einmal jemand vorbei – an seinem hellbraunen Kittel ein Schildchen: »Meister Soundso« und fragte nach meinem Namen. Er sagte: »Ich weiß, Sie sind neu. Ich komme jeden Tag hier mal vorbei. Falls Sie was haben sollten, fragen Sie nur.« Von ihm erfahre ich auch, daß ich »Fertigmacher« werden soll. Was das ist, erfahre ich nicht. Und wie man so etwas wird und wie lange es dauert, verrät er auch nicht.

Die vor mir am Band arbeiten und die hinter mir, kenne ich nicht. Ich weiß auch nicht, was sie tun. Manchmal begegnen wir uns am Band im gleichen Wagen. Sie sind mit der Montage an ihrem Abschnitt nicht fertig geworden und in mein Revier abgetrieben – oder umgekehrt. Dann sind wir uns gegenseitig im Weg.

Da schlägt mir einer eine Wagentür ins Kreuz, oder ich beschütte einen mit Lack. Sich entschuldigen ist hier nicht drin. Jeder wird so von seinen Handgriffen in Anspruch genommen, daß er den andern übersieht.

Das Zermürbende am Band ist das ewig Eintönige, das Nichthaltmachenkönnen, das Ausgeliefertsein. Die Zeit vergeht quälend langsam, weil sie nicht ausgefüllt ist. Sie erscheint leer, weil nichts geschieht, was mit dem wirklichen Leben zu tun hat.

Ungefähr alle zehn Minuten ein Blick auf die Hallenuhr. Wenn wenigstens jede Stunde das Band für einige Minuten stillstände, man hätte etwas, worauf man hinarbeiten könnte. Die Zeit von 6.40 Uhr bis zur Mittagspause 12.00 Uhr und von 12.30 Uhr bis Schichtende 15.10 Uhr ist zu lang.

Man hat mir von einem Arbeiter erzählt, der sich auf seine Art gegen das Band zu wehren wußte. Er soll am vorderen Bandabschnitt eingesetzt gewesen sein. Um eine einzige Zigarette rauchen zu können, beging er Sabotage am Band. Statt seinen Preßluftbohrer an die vorgesehene immer gleiche Stelle der Karosserie zu halten, bohrte er kurz ins Band hinein, und alles stand augenblicklich still: Tausende Mark Ausfall für das Werk, für ihn drei bis fünf Minuten Pause, die er sich nahm, weil das Werk sie ihm nicht gab. Drei- oder viermal hatte er's innerhalb von zwei Wochen getan, dann kam's heraus, und er flog.

Donnerstag nachmittag findet für alle, die mit Lack arbeiten, eine Feuerwehrübung statt. Der Werkfeuerwehrmeister weist jeden einzeln in die Bedienung der Handfeuerlöscher ein. Er erklärt, daß jeder einen Brand bis zum Eintreffen der Werksfeuerwehr »beherzt und mutig, unter persönlichem Einsatz« zu bekämpfen habe, um die »kostbaren Maschinen« zu retten. Wie man unter Umständen sein Leben retten kann, erklärt er nicht. Vor einer »sehr wirkungsvollen, automatischen Löschanlage« warnt er uns: »Wenn in diesen Hallenabschnitten, wo die teuersten Maschinen montiert sind, Feuer ausbricht, schaltet sich automatisch die Lösch- und Warnanlage ein. Bei einem langanhaltenden Heulton müssen Sie innerhalb von 10 bis 15 Sekunden diesen Abschnitt verlassen haben. Sonst werden sie durch die ausströmenden Chemikalien ohnmächtig und fallen den Flammen zum Opfer.«
Zum Schluß stellt er noch die Vollzähligkeit der Versammelten fest. Die Deutschen ruft er mit »Herr...« auf, bei den italienischen, griechischen und türkischen Arbeitern spart er sich die Anrede.

Gleich an zwei aufeinanderfolgenden Tagen stand das Band jeweils für längere Zeit still. Eine Viertelstunde vor Schichtwechsel betrete ich wie gewöhnlich die Y-Halle. Um diese Zeit beginnt immer der Endspurt. Die Männer versuchen, dem Band ein oder zwei Minuten zuvorzukommen, um den ersten Bus noch zu erreichen, der eine Minute nach Schichtende abfährt.

Heute ist es in der riesigen Halle ungewöhnlich still, so weit man sehen kann, fast menschenleer. Die Neonbeleuchtung ausgeschaltet. Das Band steht still. Fast unheimlich wirkt dieses ungewöhnliche Bild. In einem Wagen entdeckte ich Arbeiter und setzte mich zu ihnen. Sie sind ebenso ratlos.

Unsere Schicht müßte längst begonnen haben, als wir den Grund für den »Produktionsstillstand« erfahren. »Betriebsversammlung.« Nur zwei von uns haben zufällig davon gehört und teilgenommen. Die zwei Stunden, die sie dafür vorher erscheinen mußten, werden bezahlt. Die andern sind enttäuscht und wütend. »Warum hat man das nicht ausgehängt, wie man es sonst mit jedem Mist macht?« – »Das ging uns alle an. Da kommt manches zur Sprache, was man sonst lieber totschweigt!« Oder: »Für Überstunden sind wir gut genug. Hier hätten wir mal unser Geld bekommen, ohne dafür schuften zu müssen.« Die beiden, die teilgenommen haben, sind früher weggegangen und berichten: »Schöne und salbungsvolle Reden der Direktoren. Aber geändert wird nichts. Jedes Jahr die gleichen Sprüche: ›Wollen Ihnen auch diesmal unseren besonderen Dank aussprechen für die geleistete Arbeit und die erneute Steigerung der Produktion‹, worauf einer dazwischenrief: ›Danke schön kostet nichts, wir wollen höheren Lohn, wenn das Band schon nicht langsamer läuft.‹ Das bekamen sogar unsere ›Amigos‹ am Ende vom Saal mit und trampelten Beifall. Man hat wieder die 10 Mark Urlaubsgeld pro Tag gefordert. Darauf die üblichen Versprechungen, daß man sehen will, was sich ändern läßt, tun will, was man kann, nichts als Vertröstungen.«

Zum Schluß sagt noch einer in unserer privaten Versammlung das Wort »Streik«. Es bleibt in der Luft hängen, da die Beleuchtung plötzlich aufflammt und das Band ruckartig anläuft. Am nächsten Tag setzt das Band zum zweitenmal aus. Es lief auf vollen Touren, pausenlos, ein Wagen hinter dem anderen, ohne Lücke, wie um die verlorene Zeit von gestern wieder aufzuholen. Vielleicht ist es heißgelaufen?

Als ein paar Minuten vergangen sind und die Männer schon einige Wagen vorgearbeitet haben, lassen sie ihre Werkzeuge sinken und stehen erwartungsvoll da. Aber es tut sich nichts.

Die Meister rennen aufgeregt umher. Langsam sickert es durch: »Das Band ist defekt. Es muß repariert werden.«

Das ist eine Ewigkeit nicht mehr vorgekommen. Antonio, der mit dem Besen, erweist sich als Herr der neuen Lage. Er kehrt den Besen einfach um und vollführt mit ihm Balanceakte. Er muß sonst den ganzen Tag kehren, das Band und drumherum, hat aber noch die abwechslungsreichste Arbeit von uns. Er ist auch der einzige, der manchbal bei seiner Arbeit pfeift. Die Meister wissen nicht, wie sie ihre Leute beschäftigen sollen. Einer fordert mich auf: »Sitzen Sie nicht da herum. Tun Sie wenigstens so, als ob Sie was täten. Wie sieht das sonst aus!«

Die Frau, die mich in den ersten beiden Tagen eingearbeitet hat und deren Namen ich nicht weiß, beklagt sich: »Ich arbeite ebenso gut wie ein Mann. Kriege aber längst nicht den gleichen Stundenlohn. Wo bleibt da die Gleichberechtigung?« Sie erzählt noch, daß sie mehrmals krank war und man ihr trotz eines Attestes vom Vertrauensarzt mit der Kündigung drohte. »Der Arbeitsplatz ist schlecht gesichert. Ich bin fast fünf Jahre bei Ford, und innerhalb von 14 Tagen hätte man mich ohne Angabe eines Grundes raussetzen können.« Ihr Mann ist ebenfalls bei Ford als »Springer« beschäftigt. »Er ist überall und nirgends.« Sie sind beide in der gleichen Halle und sehen sich dort höchstens ein- bis zweimal im Jahr.

Ein anderer, Autoelektriker, will jetzt auf einer Abendschule die mittlere Reife nachholen, um aufs Büro zu kommen; weil das Bandtempo ihn »kaputtmacht«.

Es dauert etwa eine Stunde, bis das Band wieder instand gesetzt ist. Danach läuft es um so schneller und hält in den folgenden Tagen nicht mehr an.

Eine Gewöhnung an die Fließarbeit tritt auch nach den ersten vier Wochen nicht ein. Nach Schichtschluß bin ich jedesmal erledigt. In dem vollgepfropften Arbeiterbus schlafe ich fast im Stehen ein. Auch die italienischen Arbeiter sind verstummt. Die Fracht Menschen im Bus ist still und apathisch.

Zu Hause brauche ich Stunden, um mich von der Arbeit auf die Freizeit umzustellen. Acht Stunden lang war ich Rädchen am

Getriebe Band, jetzt will ich endlich wieder Mensch sein. Aber wenn ich nach drei Stunden halbwegs wieder zu mir gekommen bin, ist es zu spät, noch etwas mit dem »Feierabend« anzufangen.

Die zwei Stunden von 19.00 bis 21.00 Uhr bedeuten auch nur ein Atemschöpfen, um für die Schicht am nächsten Morgen wieder fit zu sein. Den Schlaf von 21 bis 5 Uhr brauche ich dazu. Ich stumpfe bei der monotonen Arbeit mehr und mehr ab. Vielleicht ist das die Gewöhnung. Eingespannt in den Rhythmus der wechselnden Schichten, bin ich nur noch für die Arbeit da. Essen, trinken, schlafen zur Erhaltung der Arbeitskraft. Was darüber hinausreicht, ist Luxus, den man sich bei dieser Arbeit nicht oft leisten kann. Einige Male sind größere Gruppen von Schülern und Studenten an unserem Bandabschnitt vorbeigeführt worden. Sie haben an einer Werkbesichtigung teilgenommen.

Mir ist der Zusammenhang des Produktionsablaufs fremd. Ich weiß, daß in der Y-Halle Tausende von Arbeitern beschäftigt sind. Wo und wie sie eingesetzt sind, weiß ich nicht. Ich weiß nicht einmal, was unmittelbar vor mir am Band geschieht. Durch Zufall habe ich jetzt denjenigen kennengelernt, von dem ein Teil meiner Arbeit abhängt. Er steht am Band 30 bis 50 Meter von mir und notiert auf den Laufzetteln der Wagen Lackschäden, die ich ausbessern muß. Er ist stolz darauf, daß er nicht mehr zur »Produktion« gehört, sondern zur »Inspektion«. Er muß die Wagen auf vier Bändern gleichzeitig kontrollieren. Er meint: »Praktisch ist das einfach nicht zu schaffen.« Darum übersieht er auch so viele Lackschäden, nach denen ich dann suchen muß, obwohl das seine Aufgabe wäre.

Er ist bereits sieben Jahre bei Ford. Er meint: »Lieber heute als morgen würde ich hier Schluß machen. Aber wenn du so lange Zeit bei einer großen Firma bist, traust du dich nicht mehr. Kündigungsschutz, erneutes Einarbeiten und so. Als ich anfing, wurde hier doppelt soviel bezahlt wie in anderen Werken. Heute ist es im Verhältnis zur geleisteten Arbeit weniger als anderswo.«

Viele wollen bei der nächsten Gelegenheit kündigen: »Noch ein

Jahr, zwei Jahre, drei Jahre, dann bin ich drei Jahre, fünf Jahre oder zehn Jahre dabei. Dann mach ich Schluß hier, eh' es zu spät ist und ich mich kaputtgearbeitet habe.« So reden sie.

Alle setzen ihre Hoffnung aufs Lottospielen. »Wenn die sechs Richtigen kommen, bin ich am gleichen Tag hier weg.« An die Säule über dem Feuermelder hat jemand eine Karikatur geheftet: ein Arbeiter, der aufs Fließband pißt. Darunter steht: »Sechs Richtige. Ich kündige!!!«

Inzwischen bin ich dahintergekommen, was bei meiner Arbeit unbedingt zu tun ist und was sich umgehen läßt. Auf diese Schliche muß man kommen, wenn man mit seiner Arbeit fertig werden will. Die Lackierer an den Bändern neben mir haben mir Tips gegeben. Sie haben mich auch gewarnt: »Wenn du es machst, müssen wir es nachher alle machen.« Trotzdem, wenn das Band auf Hochtouren läuft, schaffe ich oft auch das Notwendigste nicht.

Ich weiß mit Sicherheit, daß das normale Bandtempo oft noch beschleunigt wird. Kein Meister gibt das zu, aber wir merken es, wenn wir trotz größter Anstrengung unsere Stellung nicht halten können und immer wieder aus unserem Bandbereich abgetrieben werden.

Dann übersehe ich manches und werde dauernd vom Meister oder Inspekteur nach vorn gerufen. Dadurch gerate ich in noch größere Zeitnot. Das Band rollt weiter. Ich muß zu meinen Lacktöpfen zurück. Zwei, drei Wagen haben in der Zeit, wo ich vorn war, meine Stelle passiert, ich muß hinterher. Meine Arbeit wird immer flüchtiger und unsauberer. Auf jeden Laufzettel ist die Parole gedruckt: »Qualität ist unsere Zukunft!«

Wenn man mich jetzt noch mal nach vorn ruft, gerate ich in Panik. Vorn rollt schon der erste Wagen vom Band, an dem ich nichts gemacht habe. Ich fange an zu laufen, will ihn noch abfangen, ehe er an die Seite gefahren wird und die Reklamationen kommen. Der Lack schwappt über. Ich bekleckere mich selbst, oder, was schlimmer ist, es kommen Kleckse an den Wagen. Ich muß mit einem Lappen Verdünnung hinterherlaufen und sie wegwischen. Wenn sie angetrocknet sind, ist es zu spät. Oder meine Handgriffe werden so mechanisch und zerfahren, daß zum Beispiel die roten Wagen einen weißen Tupfer abbekommen.

Wenn es soweit ist – es kommt mehrere Male am Tag vor –, springt der Meister ein. Obwohl er es den Vorschriften nach »nur bei unmittelbarer Gefahr« dürfte, stoppt er das Band für einen Augenblick. Wischt eigenhändig den verschütteten Lack auf oder bessert selbst die übersehenen Stellen aus. Ich habe Glück mit meinem Meister.

Nicht alle haben dieses Glück. Einem Inspekteur scheint es Spaß zu machen, seine Lackierer auf Trab zu bringen. Wenn er scharf pfeift, dann weiß der Betroffene gleich, daß er anzutanzen hat. Auch andere Lackierer sind unzufrieden. Einer sagt: »Ich bin von den Launen der Inspekteure abhängig. Sind sie mal gut gelaunt, brauche ich einen ganzen Tag überhaupt nicht oder nur selten nach vorn. Aber wenn sie schlechte Laune haben, lassen sie die an mir aus. Dann hänge ich andauernd vorn. Zu finden ist immer was. Bei diesem Tempo kann man unmöglich alles machen. Und sie sind zu dritt, ich bin allein. Es müßte umgekehrt sein.«

Es fällt auf, daß die meisten am Band noch jung sind. Keiner ist über fünfzig (die meisten zwischen 20 und 35). Ich habe herumgefragt und keinen gefunden, der länger als fünfzehn Jahre am Band ist. Einige sind vom Band gezeichnet. Die Hände eines Türeinpassers fangen regelmäßig an zu zittern, wenn er nicht fertig wird und hinter den Wagen herlaufen muß. Ein anderer unterhält sich nur brüllend, auch wenn man dicht neben ihm steht. Er war mehrere Jahre an einem Bandabschnitt eingesetzt, wo ein solcher Lärm war, daß man sich nur mit Brüllen verständigen konnte. Er hat dieses Brüllen beibehalten. Einer erzählt mir, daß ihm das Band sogar nachts keine Ruhe läßt. Er richtete sich oft im Schlaf auf und vollführe mechanisch die Bewegungen der Handgriffe, die er tagsüber stereotyp verrichten muß. In der Versehrtenabteilung sollen sich zahlreiche »Opfer vom Band« befinden. Aber wir haben keinen Grund, uns über unsere Arbeit zu beklagen, meint ein Arbeiter, der im Großlack, »Lackhölle« genannt, arbeitet. Kein Grund zur Klage, denn: unsere Arbeit sei »leicht und abwechslungsreich und vor allem nicht so gesundheitsschädlich«.

Ein paar Minuten vor Schichtwechsel.

Auf dem Band gibt's eine Lücke von zwanzig Metern. Jupp, der Entbeuler, nimmt seine Chance wahr. Er klirrt sein Werkzeug, Hammer und Klatsche, wild gegeneinander und trifft den Ton der elektrischen Klingel täuschend ähnlich.

»Feierabend, keinen Pinselstrich mehr«, atmet der Lackierer am Band neben mir auf und hört gleichzeitig mit der Arbeit auf. »Endlich! Geschafft!« ruft der Türeinpasser, »ich hab seit heut früh auf nichts andres gewartet«, und feuert sein Werkzeug im Vorbeilaufen in die Werkzeugkiste. Kaum einer führt den Handgriff, bei dem er gerade ist, zu Ende. Auch ich schmeiße augenblicklich alles hin. Vor der Stempeluhr stauen sich die Massen. Alle warten ungeduldig auf das endgültige Klingelzeichen. Aber die Stempeluhr hält uns noch fest. »Wir stehen hier wie die Bekloppten!« empört sich ein 20jähriger Arbeiter, für den das Stempeln noch ungewohnt ist.

Endlich schrillt die elektrische Klingel. Die Stechkarte wird in den Schlitz gesteckt und der Hebel heruntergedrückt; die von hinten schieben. Einer, der sich dazwischendrängt, um an der Tafel seine Stempelkarte herauszufingern, stößt mich unsanft zur Seite. Draußen rennen schon die ersten dem Ausgang zu. Sie versuchen, die ersten Busse zu erreichen, die eine Minute nach Schichtende abfahren, meist leer. Im Strom der nach draußen drängenden Arbeiter werde ich durch einen schmalen Gang hinausgeschwemmt. Vorher noch die Kontrolle am Tor. Ich drücke den automatischen Kontrollknopf und halte dem Pförtner die geöffnete Aktentasche hin. Die automatische Kontrollampe leuchtet rot auf. Ich muß in eine Kabine, hinter dem Vorhang werde ich kurz abgetastet, »auf eine eventuell unter der Jacke verborgene Kurbelwelle oder auf dem Körper versteckte Motorteile hin«, wie mir der Mann vom Werkschutz dabei erklärt.

Im Bus stellt der Schaffner lakonisch fest: »Man behandelt euch wie die Verbrecher!«

Wer jetzt von »Freizeitplanung« redet, hat selbst noch nicht in Wechselschicht am Fließband gearbeitet. »Der Mensch läßt sich nicht in eine produzierende und eine konsumierende Hälfte aufspalten«, stellte der Soziologe Walter Dirks in seinem Beitrag zu der Schrift »Gibt es noch ein Proletariat?« fest. Läßt seine Arbeit ihn leer und unausgefüllt, so bringt er umgekehrt auch nicht die Initiative auf, in seiner Freizeit aktiv zu werden.

Was fangen die Arbeiter mit ihrer Freizeit an? Kennen sie sich auch am Abend noch? Am Band arbeiten alle nebeneinander und nicht zusammen. Man spricht zwar von »Teamwork« und »Kooperation«. Aber das besteht darin, daß eine Gruppe die Arbeit der anderen Gruppe kontrolliert und die kontrollierende Gruppe wiederum von einer darüberstehenden Instanz überprüft wird. Man weiß voneinander nicht mehr als den Vornamen und oft nicht mal den. »He, Schlosser! He, Lackierer! He, Fertigmacher!« ruft der Spitzenmann nur, wenn er einen Fehler entdeckt hat und der Betreffende nach vorn muß.

So unpersönlich und anonym der Kontakt am Arbeitsplatz ist, so kontaktarm ist man zwangsläufig auch in der Freizeit.

Während meiner dreimonatigen Zeit bei Ford hatte ich zu etwa 50 Arbeitern Kontakt und Einzel- und Gruppengespräche im Kollegenkreis geführt. Es waren meist Arbeiter aus meinem Bandabschnitt, aber auch aus den angrenzenden, von meiner Schicht, zum Teil auch von der Gegenschicht. Ich unterhielt mich mit ihnen in der halbstündigen Pause oder vor und nach der Schicht.

Die Meister muß ich dabei ausklammern. Sie gehören nicht mehr zu den Arbeitern. Sie brauchen auch nicht zu stempeln. Sie kommen oft früher und gehen meist später. Sie spüren Verantwortung in ihrer Arbeit. Und wenn sie abends auch nur in das Produktionsbuch die Stückzahl der produzierten Wagen eintragen, die wieder erfüllt oder gar übertroffen wurden, dann sehen sie das als ihre Leistung an. Die Selbstbestätigung, die sie in ihrer Arbeit finden, überträgt sich auch auf ihre Freizeitbeschäftigung. Mein Meister zum Beispiel hat etliche Preise als Amateurfotograf erhalten. Obendrein sammelt er noch Briefmarken.

Der Superintendent, die rechte Hand des Hallenabschnittleiters, ist Mitglied im Werkschor und schreibt noch Operetten, wie er mir erzählt. Er wirft mir später vor, daß ich in meiner Reportage die Bandarbeit als »monoton und abstumpfend« bezeichnet habe. »Lieber Mann, ich übernehme Ihre Arbeit jederzeit und lerne noch sechs Sprachen dabei«, meint er. »Ich war früher selbst am Band und habe noch die Noten dabei gelernt. Bis ich dann in die Grube am Ende vom Band stürzte und aufs Büro versetzt wurde.« Da begann seine »Karriere«.

Unter den fünfzig Befragten habe ich keinen entdeckt, der einem ausgesprochenen »Hobby« nachging.

»Was heißt Hobby? Nach der Arbeit ein paar Flaschen Bier und Faulenzen, das ist mein Hobby«, antwortet mir ein Türeinpasser, 25 Jahre alt. Sonst nennt man mir einmal »Bierdeckelsammeln« und dreimal »Briefmarkensammeln«.

»Politik ist eine schmutzige Sache. Da soll man seine Finger davonlassen. Ich war früher in der Partei, und es hat mir nichts eingebracht«, antwortet ein 52jähriger Aussiedler aus Ostpreußen.

»Die Großen machen doch immer, was sie wollen. Wir werden extra dumm gehalten und wissen gar nicht, was da oben wirklich gespielt wird. Ich gehe auch nicht mehr wählen. Die stecken doch unter einer Decke«, sagt der 37jährige Fertigmacher F.

Aus ihren Worten spricht die große Unzufriedenheit mit ihrer jetzigen Lage. Insgeheim wünschen sie, daß alles anders wird, »egal wie«. Etwa 50 Prozent bezeichnen sich selbst als »Sportler«, fast alle von ihnen sind noch keine 30. Nur sechs davon betreiben auch aktiv Sport und gehören einem Verein an.

Der 22jährige Fertigmacher W.: »Früher spielte ich in der Kreisklasse Fußball. Jetzt reicht's nur noch für die Bezirksklasse. Die Wechselschicht erlaubt kein regelmäßiges Training, und am Feierabend steht mir der Sinn meist nicht nach sportlichem Ausgleich.«

Ein anderer Fußballer: »Ich würde auch lieber reiten oder Tennis spielen im Werksklub, aber das kann sich unsereins bei den hohen Beiträgen nicht leisten. Das ist ein ›Klub der höheren Angestellten‹.«

Manche möchten gern einen Volkshochschulkurs belegen. Aber auch hier macht ihnen die Wechselschicht einen Strich durch die

Rechnung. Bei einzelnen zeichnet sich ein gewisser Bildungshunger ab.

Der Schlosser H. drückt es so aus: »Wenn ich bei der Arbeit bin und merke, wie ich dabei abstumpfe, nehme ich mir in dem Augenblick vor, zu Hause machst du das wett. Indem ich lese und mir Englisch selbst beibringe. Aber wenn dann Feierabend ist, habe ich nicht mehr die Energie dazu. Es fällt mir schon schwer, das aufzunehmen, was täglich in der Zeitung steht.«

Andere Aussprüche: »Wir sind letzten Endes nur für die Arbeit da.«

Oder: »Wir leben, um zu arbeiten.«

Ich kenne keine Arbeiter, die außerhalb ihres Arbeitsplatzes Verbindung zueinander hätten. Der 56jährige T., der an dem stillstehenden Reparaturband eingesetzt ist, erzählt: »Früher war das eine andere Zeit. Da kamen wir sonntags mit den Familien zusammen. Da haben wir zu fünf Mann ein ganzes Auto zusammengebaut. Wir hatten alle denselben ›Beruf‹ und waren noch was. Heute sind die Ungelernten gefragter. Die lassen alles mit sich machen.« Ich erkundigte mich, was er an seinem Feierabend macht, und er fängt an, von seinem Schrebergarten zu schwärmen: »Mein kleines Gärtchen möchte ich nicht mehr hergeben. Da arbeite ich jeden Abend drin und kann mich auf einer Bank ausruhen, wenn alles um mich herum blüht. Und ich bin nicht auf das teure Obst und Gemüse angewiesen. Den Urlaub verbring ich mit meiner Frau im Garten. Was soll ich denn groß verreisen?« Er verrät noch, daß er hin und wieder aus Leichtmetallresten, die ihm ein Arbeiter vom Schrott überläßt, Spielautos für seine Enkelkinder bastelt. »Weißt du, die ganz alten Modelle. ›Eifel‹ und noch früher. Als wir noch in einer Gruppe einen ganzen Wagen zusammenbauten.«

Von den fünfzig machen fünfzehn keine Überstunden. Alle andern sind daruf erpicht und reißen sich regelrecht darum, wenn zusätzliche Arbeit anfällt. P., ein Spitzenmann, jung verheiratet, zwei Kinder, sagt: »Ich bin einfach gezwungen, regelmäßig Überstunden zu machen. Ich wohne in einer Werkswohung, anderthalb Zimmer. Jetzt soll die Miete um 20 % erhöht werden. Hier nennt man das ›Sozialwohnung‹. Ich nenn es ›Ausnützung der Wohnungsnot‹. Ich kann es mir auch nicht leisten, in den Ferien zu verreisen.«

Von den 50 sind 28 »Campingfreunde«. 25 von ihnen sind unter 30 Jahre. Nur auf diese Weise ist es ihnen möglich, einmal aus ihrer gewohnten Umgebung herauszukommen und »etwas von der Welt zu sehen«. K., ein 23jähriger »Springer« (der nur auf dem Papier Springer ist, in Wirklichkeit fest in der Produktion eingesetzt ist und für keinen Kollegen mehr einspringen kann), sagt: »Ohne Zelt verreisen wär mir schon angenehmer. Wenn das Urlaubsgeld durchkommt, können wir es uns leisten. Dann ist es auch Erholung.« Ich kenne einen Arbeiter des alten Schlages, der freitags einen großen Teil von seinem Lohn durch die Kehle laufen läßt: »Dieses lumpige ›Trinkgeld‹ taugt allein zum Versaufen!« Ein einziger aus unserem Hallenabschnitt verkörpert den deutschen »Wirtschaftswunderarbeiter«. Er ist kinderlos, 45 Jahre und fährt jedes Jahr mit seiner Frau im eigenen Wagen nach Italien. Jedes Jahr, Mitte Juli, geht er zur Mülheimer Kreditbank und nimmt einen 2000-DM-Kredit auf, den er das Jahr über bis zum nächsten Urlaub abstottern muß.

Heute ist Freitag. 17 Uhr. Auf dem Parkplatz vor dem siebenstöckigen Hochhaus, das sämtliche Gebäude im Osten der Stadt überragt und von den Bewohnern der umliegenden Häuser »Wolkenkratzer« genannt wird, zähle ich einundzwanzig Wagen. Fast alles Wagen aus unserem Werk, dazwischen ein VW und zwei Kleinwagen.

Ein Paar Beine ragen unter einem Ford hervor. Auch nebenan repariert einer seinen Wagen. Ein anderer wienert an seiner uralten Karre herum. In einer Reihe hocken 20- bis 30jährige auf dem niedrigen Geländer vor dem Bürgersteig. Sie blicken den Vorübergehenden gelangweilt nach, starren anschließend wieder vor sich hin, nebeneinander, jeder für sich. Gesprochen wird nicht.

Draußen hängt ein Schild: »Jugendsozialwerk e. V.«, drinnen »Besucher bitte bei der Heimleitung anmelden«, außerdem: »Weibliche Besucher dürfen nur in dem dafür vorgesehenen Besucherraum im Parterre empfangen werden. Es ist unter keinen Umständen gestattet, sie mit aufs Zimmer zu nehmen.«

24

Ich war in letzter Zeit öfter hier zu Besuch. Der Heimleiter kennt mich: »Schon gut. Fahren Sie rauf. Ich sag Bescheid«, durch das Haustelefon meldet er mich im fünften Stock an. Ein Fahrstuhl erspart das Treppensteigen. Auch sonst ist das Wohnheim mit allem möglichen Komfort ausgestattet. Müllschlucker auf jeder Etage. Im Heim wohnen 240 Unverheiratete, die meisten zwischen 20 und 30 Jahren. Sie sind zu dritt auf einem Zimmer untergebracht. Auf der fünften Etage leben 28 Arbeiter. M., den ich besuche, hat mit zwei andern ein 16-Quadratmeter-Zimmer belegt. Er lebt seit der Gründung des Ledigenheims vor drei Jahren hier und kennt sich aus. Durch ihn habe ich auch andere Heimbewohner kennengelernt. Das »Jugendsozialwerk e. V.« hat mit Zuschüssen der Ford-Werke für die freie Zeit seiner Heiminsassen gesorgt. Es gibt einen Fernsehraum mit vierzig Plätzen, die meist alle besetzt sind. Im Keller kann Tischtennis gespielt werden. Viele tun es auch. Ein Heimschachklub hat nur wenige Mitglieder, aber immerhin. Eine feste Einrichtung ist der Filmabend freitags. Hier reichen die Plätze selten aus. Viele müssen stehen. Der Grund für die außergewöhnliche Anziehungskraft: Die gebotenen Filme sind »ausschließlich Western, Krimis und Kriegsfilme.«

Auf dem Zimmer von M. wird es jetzt problematisch, als der Mitbewohner K. zum viertenmal hintereinander die neueste Beatles-Platte auflegt. Sein Plattenspieler ist neu. Er besitzt noch kein Dutzend Platten, die er dafür aber den ganzen Nachmittag über auflegt und damit M. stört, der Operetten liebt. Darum weichen wir in die Kneipe an der Ecke aus, an der ersten Ecke. Hier ist an jeder Ecke eine Kneipe.
Drüben spuckt der Spielautomat, der die ganze Zeit von einem jungen Arbeiter gefüttert worden ist, seinen ersten Gewinn aus. Mir fällt eine Stelle aus einem soziologischen Buch ein. Darin sind die Statistiken von Fragebogen an junge Arbeiter veröffentlicht. Auf die Frage »An wen wenden Sie sich, wenn Sie Sorgen oder größere Probleme haben?« hat einer hingeschrieben. »Ans Glas Bier«. Die meisten trinken am Wochenende mal ein paar Bier über den Durst. An den Arbeitstagen sind die Lokale an den Ecken kaum besucht.

Ebenso unpersönlich wie man nebeneinander an der Theke steht, so beziehungslos ist allgemein das Verhältnis zueinander. Es gibt im Heim keine Freundesgruppen, auch einzelne Freundschaften sind selten.

Wer an heißen Tagen ins gegenüberliegende Baggerloch zum Schwimmen geht, geht allein dorthin. In der Nähe liegen die »Vingster Alpen«, ein hügeliges Stück Naturgelände. Wer da hinauswandert, geht allein spazieren. Kaum jemand gehört einem Verein an. M. kennt keinen, der außer Tischtennis aktiv Sport treibt. Passiv um so mehr. Viele »rennen zum Stadion, wenn der FC spielt«. Einige fahren regelmäßig zum Nürburgring, wenn dort ein »Rennen läuft«.

Von den 240 Heimbewohnern lesen ungefähr drei Viertel regelmäßig. Davon mindestens zwei Drittel Groschenhefte. Sie kursieren im Heim stark, man tauscht sie untereinander aus. Ich habe bei einem eine regelrechte Bibliothek davon gesehen. Er hat sie den Nummern nach geordnet in einem Regal untergebracht, drei Meterreihen prall gefüllt. Der Rest liest Bücher. In der Volksbücherei in der Nähe sind einige Mitglied. Abenteuerromane, aber auch populärwissenschaftliche Werke sind sehr gefragt.

Die meisten wissen mit ihrer Freizeit nichts anzufangen. Sie vertreiben sich die Zeit oder »schlagen sie tot«. Aber das sind nicht alle. Gerade die jungen Arbeiter dort besitzen oft genügend Widerstandskräfte, um sie der abstumpfenden Fließbandarbeit entgegenzusetzen. Einige nehmen an Fernkursen teil, um zum technischen Zeichner oder Diplom-Techniker zu avancieren. So wollen sie dem Fließband entkommen. Auch die x-beliebige Zerstreuung ist eine Konsequenz. Man sollte an das englische Sprichwort denken: »Nur Arbeit und kein Vergnügen macht die Kinder blöd, auch die erwachsenen Kinder.«

Von den 240 Heiminsassen suchen ungefähr 10 bis 15 Prozent regelmäßig, ein weitaus höherer Prozentsatz unregelmäßig Prostituierte auf. Kaum jemand hat ein festes Verhältnis. M. erklärt das so: »Wenn hier jemand ein Mädchen kennenlernt und die erfährt, der ist aus dem Heim, geht sie auf Distanz. Mit dem ist nichts los. Aus diesem Grunde versuchen alle, so schnell wie möglich hier wieder rauszukommen und ein möbliertes Zimmer zu mieten.

Zu Schichtbeginn wird den Lackierern mitgeteilt: »Ein bedauerlicher Produktionsfehler hat sich irgendwo vorn am Band eingeschlichen. Der Fehler wird bereits wieder abgestellt. Aber für ein paar Stunden laufen noch die alten Wagen. Die Lackierer müssen die Schäden halt hier ausbügeln. Läßt sich leider nicht anders machen. Ist auch nur am T-Modell und für einige Stunden.«
Das »Ausbügeln des Produktionsfehlers« besteht im zusätzlichen Streichen von zwei nicht lackierten und schlecht zugänglichen Stellen. Man muß dafür in jeden T reinkriechen. Erscheinen einige Ts hintereinander auf dem Band – das kommt alle paar Minuten vor –, schlagen wir uns doppelt.
Wir geraten ins »Schwimmen« und hängen dauernd vorn.
»Da heißt's Zähne zusammengebissen und durchhalten, ist ja bald wieder vorbei«, sagt J. nebenan und setzt zu einem Spurt an, um den ersten Wagen noch zu »packen«, der gleich vom Band rollt und an dem er noch nichts gemacht hat. Unsere Schicht geht zu Ende, und der Produktionsfehler läuft immer noch.
Auch am nächsten Tag hat er sich noch nicht wieder heraus»geschlichen«. Als er auch am dritten Tag noch da ist, glauben wir nicht mehr an einen »Fehler«.
Ein Wagen läuft vom Rohbau bis zu uns höchstens 16 Stunden und keine drei Tage. »Lack-Meier« neben mir am Band meint: »Die Gelackmeierten sind wieder mal wir.«
Auch bei den Fertigmachern ist »rationalisiert« worden. Man hat auf ihre Kosten zwei Inspekteure eingespart. Jetzt müssen sie deren Arbeit noch außer ihrer eigenen verrichten. »Elektrische Anlage überprüfen und Schlüssel einstecken. Ein halber Arbeitsgang dazu. Unsere Vorgabezeit war vorher schon knapp genug. Wir wußten nicht mehr, wo uns der Kopf stand. Jetzt können wir's selbst mit Hängen und Würgen kaum schaffen.«
Die meisten Arbeiter sind unzufrieden. Viele haben bei der Arbeit einen nervösen, gereizten Ausdruck im Gesicht. Oder einen starren Blick. Das sind diejenigen, die meist schon jahrelang da-

bei und inzwischen abgestumpft sind, die nicht mehr wahrnehmen, was um sie herum hervorgeht.

Auch in der halbstündigen Pause Thema Nr. 1 die Unzufriedenheit mit der Arbeit. Und daß sich die Arbeiter betrogen fühlen. »Wir sind doch nur Handlanger der Maschine. Hauptsache, die Produktionszahlen stimmen!«

»Wer bedeutet hier schon mehr als seine siebenstellige Nummer?« (Je niedriger die Kontrollnummer, um so ranghöher ist der Besitzer eingestuft.) Jemand klagt: »Ich war über fünf Jahre bei Ford, ohne einmal krank zu sein, als ich einen Unfall hatte. Dann aber schickte man mir jeden dritten Tag eine neue Vorladung zum Vertrauensarzt. Bis es dem zu bunt wurde, und er sagte: ›Ob und wann Sie arbeitsfähig sind, das bestimme immer noch ich.‹ Es kam mir so vor, als ob diese Vorladungen schematisch von einer Maschine ausgestellt würden. Denn mein Meister kannte mich doch und wußte, daß ich nicht ohne Grund krankfeierte.« Ein anderer: »Wer alt wird und das Tempo nicht mehr mithält, bekommt einen Tritt. Er hat ausgedient und seine Schuldigkeit getan. Er kann gehen oder bekommt eine schlechter bezahlte Arbeit.«

Ein dritter hat einen schweren Unfall gehabt. »Der Werksarzt bestimmte, daß ich für einige Monate in die Versehrtenabteilung kam. Er trug mir auf: ›Sagen Sie das Ihrem Meister.‹ Der Meister ließ mich aber nicht weg. In den ersten drei Tagen half mir noch jemand bei der Arbeit. Dann mußte ich sie allein wie vorher machen. Die Unfallfolgen waren noch längst nicht auskuriert.«

Wir haben ausgesprochene »Überstundenjäger«. Sie hängen jeden Tag noch einige Stunden an, arbeiten samstags und sogar sonntags. (Jeden Montag ist das volle Reparaturband von Freitag bis auf den letzten Wagen geleert.) Die meisten reißen sich um die Überstunden, da die wenigsten mit ihrem Lohn auskommen, wenn sie Familien haben. Viele stottern so ihre Ratenkäufe ab.

Ein bevorstehender Streik wird diskutiert. Die Gewerkschaft ist sich einig: »Wenn Ford nicht im letzten Augenblick noch verhandelt, müssen wir streiken.« Oder: »Wenn die Leute, die mit uns zusammenarbeiten und den Betrieb wirklich kennen, etwas zu sagen hätten, dann hätten wir längst ein Ergebnis erzielt.«

Andere zeigen sich resigniert« »Was kann groß geändert werden?

Die Macht ist immer dort, wo das größte Kapital ist.« Oder: »Wenn es zum Streik kommt, halten wir höchstens zwei Wochen durch. Ein Sparkonto haben die wenigsten von uns. Dann müssen wir uns eben was anderes suchen.«

Keiner hat gewußt, daß ich über meine Arbeit schreibe. Jetzt ist der Wirbel um so größer. Ich werde plötzlich von meinem Platz weggerufen. Mein Meister sagt: »Gehen Sie mit dem Herrn.« Der fragt: »Kennen Sie mich nicht?« Ich sehe ihn mir genauer an. »Wie, Sie wissen nicht, wer ich bin?« Ich kenne ihn nicht. Er nennt seinen Namen und sagt: »Ich bin der Leiter in Ihrem Hallenabschnitt.«

Er führt mich durch die riesige Y-Halle bis ans Ende, wir gehen stumm nebeneinander, eine Treppe hinauf, und plötzlich bin ich in einer anderen Welt. Der brandende Arbeitslärm wird von schalldichten Wänden geschluckt. Ein farbiger, freundlicher Raum, ein Konferenzsaal. »Nehmen Sie Platz.«

Mir gegenüber sitzt der »Hallengott«, Leiter der gesamten Halle, in der 10000 Arbeiter beschäftigt sind. Der Mittvierziger wurde mehrere Jahre in den USA auf Manager trainiert. An den beiden Seiten des Konferenztisches haben noch einige würdig dreinschauende Herren Platz genommen. Das halbe »Refa-System« ist hier aufgefahren, der »A-Mann« und der »B-Mann«, wie ich später vom »C-Mann« erfahre, der nicht daran teilgenommen hat. Außerdem ist noch der Chef vom »A-Mann« da.

Die Namen all dieser Spitzenleute kennt kein Arbeiter. In meiner lackbespritzten Arbeitsschürze komme ich mir schmutzig und armselig vor gegenüber den blütenweißen Hemden.

»Lassen wir es kurz und schmerzlos über die Bühne gehen«, sagt mein Gegenüber, der »Hallengott«. Die blütenweißen Hemden nicken.

Mein Artikel paßt dem Werkleiter nicht. Er findet ihn »zumindest gewaltig übertrieben«. Die Arbeiter am Band waren anderer Ansicht. Sie sagten: »Sei erst mal ein Jahr hier, dann schreibst du noch ganz andere Dinger.« Der Werkleiter beginnt seinen Monolog mit einem Zugeständnis: »Ich weiß ja, der bestbezahlte deutsche Automobilarbeiter bekommt noch zuwenig im Verhältnis zu seiner Leistung.« Das sagt er »rein als Privatmann«, überhaupt will er sich mit mir »nur ein wenig privat unterhalten«. Sein Ton wird, als er das sagt, schärfer.

»Das Wertvollste, was wir bei Ford haben, ist immer noch der Mensch. Seine Würde achten wir über alles, und Sie schreiben solche Artikel«, stellt er fest. »Unser laufendes Modell hat noch nicht mal sein vorgeplantes Soll in den Produktionszahlen erreicht, und in Kürze läuft schon das übernächste Modell übers Band.« Ich versuche einzuwerfen, daß man das »Soll« eben zu hoch gesteckt hat. Er unterbricht mich und weiß einen besseren Grund: »Wenn ich sehe, wie alle ihren Arbeitsplatz verlassen, sobald der Getränkewagen vorfährt. Sehr blamabel, muß ich schon sagen!«

Seine »USA-Eindrücke« stellt er als Vorbild dagegen. »Dort steht und fällt die ganze Linie mit jedem einzelnen Mann. Und Krankfeiern gibt's dort auch nicht. Wenn ich daran denke, daß hier von den Krankgemeldeten über ein Drittel durchaus einsatzfähig wäre, raubt mir das nachts den Schlaf.« Und nun wird seine Stimme sehr laut: »Was Sie schreiben, ist diffamierende Lüge. Sie ziehen unser Firmen-Image in den Dreck. Ich werde Sie eigenhändig die Treppe runterschmeißen, als Privatmann, versteht sich.«

Diese Drohung stößt er noch ein paarmal aus. Ich überlege, ob ich gehen soll. Aber ich bleibe. Eine besondere Überraschung zum Schluß kommt noch. Der Leiter vom Werkschutz erscheint, trägt sehr sachlich etwas über den »Verstoß gegen die Arbeitsordnung« und »Hausfriedensbruch« vor. Vorausgegangen war, daß ich vor der Schicht am Werktor fotografiert hatte. Das verstößt gegen die Arbeitsordnung. Ich muß ihnen den Film aushändigen. Dann kann ich gehen.

Wie ideal alles vom grünen Tisch her aussieht und wie anders die Wirklichkeit ist, wird mir noch klar.

Als der »Hallengott« von Menschenwürde sprach, erwähnte er unter anderem die »Hitzeerleichterung«, die man den Arbeitern gestattet.

Ich berichte ihnen nachher davon. Die lachen mich aus. »Ja, zuletzt vor zwei Jahren haben wir mal davon ›profitiert‹. Das Band stand für 10 Minuten still. Dafür lief es nachher um so schneller. Hauptsache, die Stückzahl der produzierten Wagen stimmt. Solche Hitzepausen sind Mumpitz und reine Theorie«, sagen die Arbeiter.

Vorgesehen sind alle drei Stunden 10 Minuten Pause, wenn das Thermometer morgens um 9 Uhr 25 Grad im Schatten zeigt. Das zuständige Thermometer hängt am Haupttor neben dem Direktionsgebäude, wo ständig ein frischer Wind vom Rhein her weht. Da sind 25 Grad auch bei der mörderischsten Hitze morgens nicht drin. Ich habe jetzt während der heißen Tage die Temperatur in unserem Hallenabschnitt gemessen. Wir arbeiten zwischen zwei Lacköfen. Temperatur: 38 Grad um die Mittagsstunden. Hierher dringt kein frischer Wind vom Rhein.

Auf der Werft
Blohm & Voss, Hamburg

»Wir brauchen Dich!« locken die Plakate von Blohm & Voss, und zwei stahlharte Männer mit Schutzhelmen blicken dich durchdringend an. An Litfaßsäulen, auf Reklamewänden und in den U- und S-Bahnen wirbt das Plakat für Arbeitskräfte.
»Wo man dich braucht«, sagte ich mir, »nimmt man dich freundlich auf«, und ich bewarb mich.
»Du hast in der Zeit im Knast gesessen!« Der Angestellte im Arbeiterbüro zeigt auf meine Lohnsteuerkarte, auf der die letzte Arbeitseintragung zwei Monate zurückliegt. »Muß man als Arbeiter gleich gesessen haben, wenn man mal nicht arbeitet?« sage ich. »Was willst du denn in der Zeit gemacht haben, na?« hakt er nach. »Das ist meine Sache und nicht Ihre«, antworte ich. »Soll uns im übrigen auch egal sein, ob du im Knast warst«, läßt er nicht locker, »hier kannst du nicht groß was anstellen, da sorgen wir schon für! Im Moment hätten wir eigentlich genug Leute, höchstens ...«, er tut, als überlegte er, »auf den Helgen als Schiffsbauhelfer, vielleicht ist da noch was frei. Kannst es dir überlegen, sonst ist bei uns nichts zu machen, in den Hallen ist alles besetzt.« Ich bin sicher, daß er lügt. Die Arbeiter auf den Helgen machen nur einen Bruchteil der gesamten Werftarbeiter aus, aber ihre Arbeit ist die härteste und unbeliebteste. Die Fluktuation bei ihnen ist folglich am höchsten.
Ich nehme an, frage gleich nach einer Unterkunft. Auf den Werbeplakaten werden werkseigene Heime angepriesen. »Nur für ausgesprochene Fachkräfte«, belehrt er mich. »Aber wo wohnen sie denn im Augenblick? Dann kann ich Sie auf keinen Fall einstellen, wenn Sie keinen festen Wohnsitz haben.« Ich nenne schnell als Deckadresse die Wohnung eines Hamburger Freundes. (Später habe ich Hafenarbeiter, Schauerleute, kennenge-

lernt, die im Tagelohn stehen. Keiner stellt sie fest ein, da sie keinen festen Wohnsitz nachweisen können. Sie übernachten im Hamburger Obdachlosenasyl. Um ein möbliertes Zimmer zu bekommen, müßten sie einen festen Arbeitsplatz nachweisen.)

Ein Sicherheitsingenieur hält den Neueingestellten einen kurzen Vortrag: »Schutzhelme tragen ... und Spezialschuhe mit Stahlkuppen, das Werk gibt 5,– DM dazu. Seitdem ist der Arbeitsausfall durch Zehenverletzungen erheblich zurückgegangen.« Und: »Immer auf der Hut sein. Zuerst die Sicherheit. Der ständig wechselnde Arbeitsplatz auf den Schiffen bringt immer neue, unbekannte Gefahren mit sich.« Er erwähnt mehrmals einen Film von Blohm & Voss, der die Hauptgefahren auf einer Werft deutlich machen soll. Allerdings bekommen wir den Film nicht zu sehen.

Die ersten drei Tage sind noch Schonzeit für mich. In einer Maschinenhalle lerne ich E-Schweißen. Ich kann mir Zeit lassen. Nach Feierabend bin ich trotzdem wie erschlagen. Mein Kopf dröhnt von dem Lärm, der den Tag über auf mich einhämmerte. Das pausenlose Knattern der Preßluftmeißel. Ich versuche es abends mit klassischer Musik, wieder Ruhe in meinen Kopf zu bringen. Aber das ist vergeblich, Schlagermusik, die ich sonst nicht gerade schätze, empfinde ich plötzlich als angenehm und ablenkend.

Am vierten Tag schickt man mich hinaus auf die Helgen. Ich fragte mich durch zu dem Meister, der mir genannt wurde, dieser schickt mich zu einem anderen Meister, das wird nun der für mich zuständige Meister sein, denke ich mir. Dieser nennt auch seinen Namen, wie das so üblich ist, wenn man sich vorstellt. Das geht dann immer sehr schnell, der Name wird undeutlich ausgesprochen, daß ich ihn mir beim erstenmal meist nicht merke. Ich wußte bis zuletzt nicht den Namen meines Meister. Einem Schiffsbauer werde ich als Helfer zugeteilt. Von ihm weiß ich nur den Vornamen. Er fragt am Anfang auch nicht »Wo kommst du her?« und »Was hast du vorher gemacht?« Meinen Namen hat er wohl vom Meister erfahren.

Ein Gespräch kam zwischen uns lange nicht auf, es beschränkte sich auf seine Anweisungen, auf die knappste Formel gebracht und meist hastig hervorgestoßen. »Knacken« und »Keil«, wobei er Knacken noch auf »Knkn« reduziert, er hat es raus, die Vokale auf seltsame Weise zu verschlucken, wodurch das Wort kürzer und dringlicher wird. Das sind in der ersten Zeit beinah ausschließlich die einzigen Worte, die ich von ihm zu hören bekomme. Dann muß ich ihm eins von beiden anreichen oder selbst anschweißen. Wir stehen im Akkord.

Es dauerte drei Wochen, bis wir das erste Mal näher ins Gespräch kamen. Das war, als uns der Kran im Stich ließ. Für Lasten, die irgendwie noch zu zweit oder zu dritt fortzubewegen sind, ist der Kran nicht zuständig. Vielleicht ist hier Körperkraft immer noch billiger als die Elektrizität, die den auf Schienen laufenden gigantischen Kran antreibt.

Wir hatten steuerbord einen Schlingerkiel anzubringen. Die acht Meter langen Eisenleisten lagen im Gelände gestapelt. Wir konnten mit Stemmeisen noch so daran herumbugsieren, wir bekamen sie nicht vom Boden hoch, geschweige denn bis auf die Schulter. Deshalb forderten wir beim Meister den Kran an. Der Kran ließ auf sich warten, einen ganzen Tag lang. Wir konnten nicht weiterarbeiten. Der Meister lief wütend herum und wußte nicht, womit er uns beschäftigen sollte. Die Arbeitsaufteilung ist bis ins letzte durchrationalisiert. Ich wollte mich in einem Schuppen unterstellen, draußen war Schneegestöber. Aber mein Kumpel hatte Bedenken. Er wollte den Ärger des Meisters nicht auf uns lenken, auch wenn wir nichts dafür konnten, untätig herumstehen zu müssen, außerdem froren wir. So schlichen wir den ganzen Tag ums Schiff herum und täuschten immer, wenn ein Meister in Sicht war, Arbeit vor.

An diesem Tag lernten wir uns etwas kennen. Ich erfuhr, daß er gelernter Bäcker war und seit fünf Jahren auf der Werft arbeitete. Täglich kam er von Lüneburg aus zur Arbeit.

Er wurde gesprächig an diesem Tag. Es war auch das erste Mal, daß ich ihn lachen sah. Ich hatte gedacht, er hätte es verlernt.

Die nächsten Tage arbeiteten wir noch schneller als sonst. Auf Gerüsten in zehn Meter Höhe. Von einer Gerüstetage zur anderen benutzten wir nicht den zeitraubenden Umweg über die Stahltreppe, sondern wir hangelten uns von Etage zu Etage. Der

Meister kontrollierte uns diesmal besonders oft. Es war wohl seine Aufgabe, es fertigzubringen, daß wir die verlorengegangene Zeit wieder aufholten. Er stand da – weißes Hemd und Schlips blinkten aus der Lederjacke hervor, die Hände in den Hosentaschen vergraben – und sah zu, wie wir uns abrackerten. Der Schweiß lief mir über das Gesicht, der Schneematsch an den schweren Arbeitsschuhen gefror zu Klumpen.

Ich lag rücklings auf den Holzbrettern, um die Eisenleiste von unten an die Schiffshaut zu schweißen. Funken sprühten immer wieder ins Gesicht und stachen wie Nadeln. Man kann deswegen das Schweißen nicht einstellen. Krampfhaft bog ich den Kopf so weit seitlich wie möglich, um dem Funkenflug zu entgehen. Durch die unbequeme Haltung ist man schnell erschöpft. Fängt der ausgestreckte Arm an zu zittern, wird die Schweißnaht unsauber und kann später wieder aufplatzen. Ein paarmal wollte ich eine kurze Pause machen. Der Meister trieb mich dann an: »Immer im Fluß bleiben! Ist wie beim Motor, wenn der kalt wird, braucht er eine lange Anlaufzeit, bis er wieder warm ist.«

Mein Kumpel legte ein solches Arbeitstempo vor, daß er immer wieder vergaß, beim Brennen die dunkle Schutzbrille aufzusetzen. Blickt man oft in die Flamme, sind die Augen verblitzt. Die Folgen stellen sich erst nachts ein. Dann sind die Augen gequollen, und man schläft unruhig wie im Fieber. Oder man liegt wach und will sich »den Sand aus den Augen reiben« und reibt so lange, bis die Augen zu tränen anfangen.

Das Tempo brachte es mit sich, daß wir gegen die Sicherheitsvorschriften verstießen, als der Meister dabeistand. Wir nahmen uns nicht die Zeit, die Knacken langsam genug abzuschlagen. So fielen Knacken und Keile vom Gerüst. Zehn Meter tiefer gingen Arbeiter, die Glück hatten, daß sie nicht dort standen, wo die scharfkantigen Eisen aufschlugen.

Beim Abbrennen eines Bügels nahm mein Kumpel keine sonderliche Rücksicht auf den Arbeiter, der sich unter uns auf dem Gerüst zu schaffen machte. Glühendes Eisen tropfte ihm in den Nacken. Er schrie auf wie ein Tier und kam heraufgeklettert, uns beide zu verprügeln. Er wußte nicht, wer schuld war, und nahm noch an, es wäre mit Absicht geschehen. Es war ein »Gastarbeiter«, der von seinen »Gastgebern« nicht gerade wie ein Gast behandelt worden war und darum gleich das Schlechteste von uns dachte. In der zehnminütigen Frühstückspause wechselte ich später einmal ein paar Worte mit ihm. Wir stehen dabei im Freien und trinken die von der Werft gespendete undefinierbare Muckefuckbrühe – ohne Milch und Zucker – aber heiß; manche füllen ihre Flaschen damit, um sich die klammen Finger zu wärmen, und schütten die Brühe dann weg.

In gebrochenem Deutsch machte er mir verständlich, wie er zu Blohm & Voss gekommen ist. Er war Elektriker in Griechenland und wollte auch in Deutschland seinen erlernten Beruf ausüben. In Griechenland unterschrieb er einen Kontrakt, der ihm versprach, daß er in Deutschland ebenfalls in der Elektroindustrie tätig sein würde.

Als er in den Fremdarbeiterbaracken neben dem Werftgelände einquartiert wurde und die Schiffskolosse sah, ahnte er erst, daß hier keine Glühbirnen produziert würden. Er machte sich aber noch Hoffnungen. Auch auf Schiffen müssen elektrische Leitungen gelegt werden. Aber Elektriker hatte man genug. Schiffsbauhelfer sind immer Mangelware. So wurde er das, was er jetzt ist: Hilfsschwerarbeiter. Er erzählt von Landsleuten, denen es im »Gelobten Land« ähnlich ergangen ist, die auch nicht wußten, wie ihnen geschah.

Kurz nach 6 Uhr früh im Hamburger Vergnügungsviertel St. Pauli: Die letzten übernächtigten Nutten verlassen ihre Stammplätze auf der Straße. Taxis befördern die letzten Kunden nach Hause. Nebel steigt vom Wasser hoch und hängt dick in den Straßen. Der Tag läßt noch auf sich warten.

Zuerst tropft da und dort ein Mensch auf die Straße, zehn Minuten später schon fließen Menschenscharen die Straßen hinunter. Ein grauer Strom, der an den Landungsbrücken von einer riesigen Senke geschluckt wird.

Im 50 Meter tiefen Schacht des Elbtunnels schaffen »Förderkörbe« die Fracht nach unten. Zusammengepfercht, Kopf an Kopf, wer drinsteckt, empfindet die körperliche Nähe als

Wärme. Neben den Förderkörben laufen zur Entlastung »Förderbänder« – Fahrtreppen mit dreifacher Geschwindigkeit.

Wie eine Wand schiebt sich der Inhalt der Förderkörbe durch den etwa 800 Meter langen Tunnel.

Etwa 4000 Werftarbeiter von Blohm & Voss werden hier täglich durchgeschleust. (Die anderen Werften im Freihafen schaukeln ihre Arbeiter in kleinen Barkassen über die Elbe. Oft quellen die Boote über von Menschen, und man hat sich daran gewöhnt, daß dabei schon mal einer über Bord geht.) Falltüren gehen viel zu langsam hoch, die ersten ziehen die Köpfe ein, die hinteren drängeln schon, die Stempeluhren drücken auch bei der geringsten Verspätung kein Auge zu, sie stempeln die Zeit automatisch.

Gedränge in den Umkleidesälen. Spinde, kaum schulterbreit. Warten, bis der Spindnachbar soweit ist. Gereiztheit, kleinliche Reibereien.

Vor den Helgen ein einziger Frühstücksstand, nur vor der Arbeit ist hier was zu haben. In einer langen Reihe stauen wir uns davor.

Ein italienischer Arbeiter besorgt Tagesproviant, »16 Brötchen, mit nix drauf«, das ist einem älteren Arbeiter zuviel: »Das kann der Kerl allein nie fressen! Der holt wieder für seine ganze Brigade mit. Wenn es nach mir ginge, hätten wir die Brüder längst rausgeprügelt. Wenn jeder deutsche Arbeiter täglich nur eine Stunde länger arbeitet, wären die da längst überflüssig. Das stand auch gestern in der Bild-Zeitung. Diese Vaterlandsverräter, wir haben den letzten Krieg verloren, weil uns diese Schweine in den Rücken gefallen sind!« Bei einem zweiten deutschen Arbeiter erwachen jetzt auch lange Jahre unterdrückte nationale Gefühle, und er pflichtet eifrig bei. Den meisten Arbeitern merkt man an, daß die Schimpftiraden nicht in ihrem Sinne sind, aber sie sagen nichts dagegen. Sie warten ja auch, und der Italiener hält wirklich den ganzen Laden auf.

Ein einziger Arbeiter verteidigt den Italiener, er sagt: »Halt endlich die Schnauze! Wenn wir die Ausländer nicht hätten, könnten wir noch mehr schuften. Oder willst du statt drei Überstunden jeden Tag vier dranhängen? Außerdem machen viele ausländische Arbeiter in puncto Fleiß uns Deutschen noch was vor.« Der die Hetzrede hielt, entgegnet ungerührt nur ein einziges Wort: »Kommunist!«

Schlangestehen vor den Stempeluhren, oft zehn Minuten warten, bis man an der Reihe ist. Wir können pünktlich am Arbeitsplatz sein und trotzdem zu spät kommen.

Sogar der sonst nicht eben zimperliche Obermeister findet, daß eine zusätzliche Stempeluhr angebracht wäre. Er hat Anträge an die Werksleitung gestellt, wiederholt, immer ohne Erfolg.

Ein wogender Andrang mittags vor der Kantine. Auf das Sirenensignal hin wird die Tür von innen aufgestoßen. (Man wundert sich, wie der Türöffner es fertigbringt, immer schnell genug fortzuspringen.) Wir gehen nicht mehr selbst, wir werden hineingerissen. Sich dagegenzustemmen ist gefährlich, man wird um die eigene Achse gedreht und landet rückwärts vor der Treppe. Hinfallen ist nicht möglich.

Hier gab's bisher zwei Unfälle. Einem Arbeiter wurde der Arm ausgerenkt, einem zweiten gebrochen. Weitere Unfälle sind abzuwarten.

Die Werftleitung könnte leicht Abhilfe schaffen, indem sie das Essen schichtweise austeilte. In der Regel stehen wir zehn Minuten in der Schlange, bis wir unseren Klatsch auf den Teller bekommen.

»Der letzte Fraß«, hört man immer wieder. Oder: »Die Werft verdient damit noch an uns. Die Schnellküchen auf St. Pauli geben für dasselbe Geld ein besseres Essen.«

Das Kantinenessen ist nicht besonders. Berge von Kartoffeln, ein wenig Gemüse oder Salat, wenn Fleisch, dann meist so fett, daß kein Metzger es seinem Kunden anbieten würde, höchstens »als Abfall für den Hund«, aber Haustiere werden ja bereits diäternährt.

Die Meister haben einen Speiseraum für sich. Auch den Angestellten mutet man es nicht zu, mit den Arbeitern zusammen zu essen. Sie sind nach unserer Abfütterung an der Reihe. Sie speisen an gedeckten Tischen, und das Essen wird ihnen serviert.

Nicht umsonst wird die auf eine fast hundertjährige Tradition zurückblickende Werft »die kaiserliche Werft« genannt. In früheren Zeiten, im wilhelminischen Obrigkeitsstaat, klang das respektvoll, fast ehrerbietig, heute sagt es der Arbeiter ironisch und verächtlich. Er will nicht mehr Untertan in einer kaiserlichen Hierarchie sein.

Der Meister bei Blohm & Voss ist sein eigener kleiner König. (»Woran erkennt man den Meister?«: »Er kommandiert und hat die Hände in den Hosentaschen!«) Er steht aber noch nicht einmal auf der untersten Stufe der herrschenden Klasse bei B. & V.

Der Kalfaktor auf der »kaiserlichen Werft« ist ebenfalls noch ein kleiner Fürst, denn er ist im Besitz des meisterlichen Stempels. Er darf damit die Stempelkarten abstempeln, Urlaubsscheine, Materialscheine und was sonst so anfällt. Er ist was Besseres als die anderen Arbeiter und blickt von oben auf sie herab, auch wenn er schlechter bezahlt wird als sie.

Der für mich zuständige Kalfaktor auf den Helgen hat es besonders auf die ausländischen Arbeiter abgesehen. Er brüllt sie an, wenn sie sich nicht verständlich machen können, und sieht absichtlich weg, wenn sie ihm durch Abzählen an den Fingern eine bestimmte Stückzahl zeigen wollen. Am liebsten würde er sie vor sich strammstehen lassen.

An früheste kaiserliche Landsknecht- und spätere Kommißzeiten erinnert das »Organisieren« auf der Werft. Wenn es dem Kalfaktor nicht in den Kram paßt, Werkzeuge auszuteilen oder Reparaturscheine auszuschreiben, empfiehlt er einem: »Besorg's dir!«, was soviel heißt wie: »Klau es!«

Einer stöpselt dem andern das Schweißkabel aus, »organisiert« sich vom Kollegen die Druckpumpe, den Hammer oder was er sonst gerade braucht. Morgens schicken die Schiffsbauer dann ihre Helfer aus, um das verlorengegangene Werkzeug vom Vortag in irgendeiner Kammer des verschachtelten Schiffbauchs wieder aufzutreiben oder neues zu »organisieren«. Der Schiffsbauer, mit dem ich zusammenarbeite, versteckt jeden Abend unser Werkzeug in einer Nische oder unter einer Plane, wobei er genau aufpaßt, daß ihn keiner dabei beobachtet.

Es gibt auf der »kaiserlichen Werft« Angestelltentoiletten und Arbeiterklos. Als Angestellter genießt man den »Luxus« verschließbarer Türen und Brillen auf den Toiletten. Die »Toiletten« für Arbeiter kann man nicht als sanitäre Anlage bezeichnen, selbst das Wort »Abtritt« ist dafür noch zu vornehm. Keine Türen und keine Brillen, Drecкslöcher. Warum die Türen fehlen, macht mir ein älterer Arbeiter klar: »Wir könnten uns ja mal ein paar Minuten ausruhen auf dem Scheißhaus, eine Zigarette rauchen, eben mal wegtreten. So hat man uns selbst dort unter Kontrolle. Das Ganze ist zwar Humbug. Schließlich machen wir ja Akkord und müssen uns die Zeit selbst einteilen. Aber wir sind eben nur Arbeiter!«

Er erzählt noch, wie es vor 1933 auf der »kaiserlichen Werft« war: »Da waren noch Türen vor. Wenn es dem Meister aber zu lang vorkam – nach drei Minuten in der Regel –, kam er mit dem Wasserschlauch und scheuchte uns raus!«

Dezember. Schnee. Die ganze Werft in Watte gepackt. Ein mächtiger Weihnachtsbaum wirft kalten matten Glanz. Er erinnert daran, daß Weihnachten nicht mehr weit ist.

Vor der Arbeit im Umkleidesaal diskutieren einige Arbeiter, wann denn nun Heiligabend ist. »Mittwoch oder Donnerstag?« Sie werden sich nicht einig. Es ist der Montag vor Heiligabend. Auch mir ist nicht gerade weihnachtlich. Hamburg ist grau und die Arbeit schwer. Der Schnee macht uns auf dem Oberdeck viel zu schaffen. Jeden Morgen verlieren wir Stunden, bis wir die Schnee- und Eiskruste mit dem Schweißbrenner aufgetaut haben. Anschließend erst können wir mit der eigentlichen Arbeit anfangen.

Die Arbeiter feilschen mit ihren Vorarbeitern und Meistern um die Zeit, die ihnen dadurch verlorengeht und die sie extra verrechnet bekommen wollen. Der alte K. flucht: »Eine ganze Stunde einfach nicht angerechnet!«, und der neue Schweißer, der die Naht, die ich angeheftet habe, nachziehen muß, sagt resigniert: »Diese ewige Hökerei um den Akkord bin ich satt! Bin ich hier denn Bettler oder Arbeiter?«

Der Akkord auf der Werft ist äußerst fragwürdig. Es gibt keine genormten Arbeitsplätze auf einer Werft. Jedes Schiff wird nach den speziellen Wünschen seines Auftraggebers angefertigt. Für jeden Arbeitsgang muß der Akkord gesondert kalkuliert werden. Einzelne, schlauere Arbeiter verstehen es, Zeiten herauszuschlagen, die ihnen nicht zustehen. Es kommt darauf an, wie man sich mit seinem Vorarbeiter steht. Die Gutmütigen sind bei diesem System immer die Dummen.

Ich kenne einen 61jährigen Arbeiter – ein ehemaliger Seemann –, der trotz seines Alters noch im Akkord steht, auf eigenen Wunsch übrigens, er ist erst spät seßhaft geworden und hat Familie, drei Kinder im schulpflichtigen Alter, und ist auf die Zulage angewiesen, um über die Runden zu kommen. Er ist Schweißer in einer Kolonne und steht im Gruppenakkord.

Nach der Schicht im Umkleidesaal haut er sich erst mal zehn Minuten hin und läßt Feierabend Feierabend sein, sogar den Schutzhelm behält er auf. »Geht nicht so schnell, die Umstellung, braucht seine Zeit«, sagte er einmal, als ihn sein Spindnachbar absichtlich schubste, um ihm zu verstehen zu geben, daß er im Weg sei. Er beklagt sich oft nach der Arbeit, der ehemalige Seemann, und die Erschöpfung steht ihm noch im Gesicht geschrieben. Er leidet unter dem Akkord, denn er »blickt nicht durch und weiß nicht, was gespielt wird.«

»Ich weiß nie, ob ich mit meiner Zeit vor oder zurück bin. Wenn ich meinen Kolonnenführer frage, sagt der nur: ›Das wirst du schon auf deiner Monatsabrechnung merken, mußt dich halt ranhalten und rausholen, was drinsteckt!‹«

So holt er das Letzte aus sich heraus, denn er hat Angst, er könnte den Akkord nicht voll ausnützen. Bei seiner Arbeit treibt ihn der ständige Gedanke Geld; 70 Pfennig Höchstzulage pro Stunde, das peitscht ihn voran; kein Sklavenaufseher in früheren Zeiten hätte es besser gekonnt.

Oft fühlt er sich betrogen. Er merkt es erst an seiner Monatsabrechnung, wenn 30,– bis 50,– DM weniger als sonst in der Lohntüte sind. »Dabei hab ich mich abgerackert wie immer! Oft sogar noch unter schwierigeren Bedingungen. So, als ich im Seewasserkasten schweißen mußte, eingeklemmt in dem engen Loch. Nur auf dem Rücken liegend konnte ich arbeiten. Und der glühende Saft tropfte munter herunter; die Naht konnte ich nämlich nicht sehen.« Durch den sackleinenen Schutzanzug fraß sich die Glut, versengte die Arbeitshose darunter und noch die lange Unterhose und brannte bis auf die Haut. »Und der Witz daran ist, daß ich da meinen Meter genauso bezahlt bekomme wie in der bequemsten Lage auf Deck. Ebenso, wenn Luft beim Schweißen dazwischen ist. Ich muß doppelt so langsam und sorgfältig arbeiten, es ist mein Risiko, wenn die Naht wieder aufreißt. Aber Meter ist Meter für den Kalkulator am Schreibtisch.«

Durchschnittlich werden bei Blohm & Voss 57 Stunden in der Woche gearbeitet. Freitags kommt der Vorarbeiter und fragt einen: »Nun, wie ist's? Samstag oder Sonntag? Oder beide?« Die meisten können dann nicht nein sagen, sie brauchen das Geld auch, entscheiden sich für den Samstag oder Sonntag oder auch für beide Tage. Lehnt jemand ab, kommt der Meister und spricht schon etwas deutlicher: »Sag nur, du kannst mit den paar Kröten auskommen. Meinst wohl, du hättest es nicht nötig! Warte nur ab, es kommen auch noch andere Zeiten! Dann sag *ich* nein!« Der Obermeister spricht es generell aus (als ich in der langen Reihe vor der Stempeluhr stehe, wir haben heute nur acht Stunden gearbeitet): »Ab sofort hebe ich hiermit die blödsinnige 41-Stunden-Woche auf. Es ist die Pflicht eines jeden, täglich mindestens zehn Stunden zu arbeiten. Das ist wohl das mindeste, was wir von euch Brüdern verlangen können!«

Sogar Wochenarbeitszeiten von siebzig Stunden sind bei Blohm & Voss keine Seltenheit.

Manchmal werden hier zwei Schichten hintereinander gearbeitet. Besonders die Nachtschicht haben, hängen oft noch die Frühschicht daran. Die reguläre Nachtschicht geht von abends 6 Uhr bis morgens 6 Uhr, da um diese Zeit der erste Bus fährt.

Die Arbeit ist hart und gefährlich. Wir zwängen uns durch enge Luken, um von einem Deck zum andern zu gelangen. Der Lärm im Schiffsbauch dröhnt doppelt stark. Die Eisenkammern sind Schalltrichter. Wenn der Hauer mit seinem Preßluftmeißel in derselben Kammer arbeitet, ist es kaum auszuhalten. Ich spüre, wie mein Trommelfell zittert, und habe Angst, es könnte platzen. Der Hauer hat seine Ohrlöcher mit Wachspfropfen verstopft, sonst wäre er längst taub. Wir stemmen die Decks hoch, die der

Kran provisorisch eingesetzt hat. Wir hantieren mit 5-t-Öldruck-pumpen, schweren Zugschrauben, Stemmeisen und schweren Hämmern. Auf schmalen Gerüsten und in niedrigen Löchern, in denen man nur mit eingezogenem Kopf stehen kann. Oft tage-lang in gebückter Haltung.

Die Füße knatschen in den klobigen Arbeitsschuhen vor Nässe, die Asbesthandschuhe sind mit Feuchtigkeit vollgesogen. Feuch-tigkeit erdet und schließt den Stromkreis. Wenn mein Kumpel ein schweres Eisenteil hochstemmt, damit ich es anschweiße, kann ich nicht lange überlegen. Auch wenn ich dabei unter Strom stehe und mein Arm von den Stromstößen geschüttelt wird. Es heißt auf die Zähne beißen, denn wenn ich loslasse, ist mein Kumpel am Ende seiner Kraft – er bricht unter dem schweren Knieeisen fast zusammen, länger als fünf, sechs Sekunden stemmt das keiner –, und die Prozedur muß von vorn beginnen. In den ersten Wochen, als ich auf die Stromstöße noch besonders empfindlich reagierte, mußten wir bei dieser Arbeit oft drei-oder viermal ansetzen, bis es endlich hinhaute. Einer bekam auf den andern eine sinnlose Wut, und bei den geringsten Kleinigkei-ten brüllten wir uns an.

Oft halten die Pumpen nicht. Wir können sie noch so genau ein-setzen, je nachdem, wie das Deck sich verzieht – wir sind schließ-lich keine Statiker –, springen sie wieder ab.

Einmal hatte ich großes Glück – ich pumpte auf einem schmalen Holzbrett, als die Pumpe mit einem trockenen Knall absprang, dicht an meinem Kopf vorbeisauste, der Schutzhelm wurde noch leicht gestreift und schepperte. Der Schreck saß mir in den Kno-chen – hier hätte der Schutzhelm gar nichts genützt – »das Genick gebrochen« oder »wie ein Bolzenschuß vors Gehirn« –, ich spürte ein schwaches Gefühl in den Kniekehlen, als ich daran dachte. Mein Kumpel war ungerührt. Ich hätte zumindest erwar-tet, daß er »Scheiße« sagen würde, wie er es immer tat, wenn etwas schief- oder gerade noch gutging, zum Beispiel, wenn ihm ein Stück Eisen auf den Schutzhelm fiel und daran abprallte, ohne ihn zu verletzen. Aber er tat nichts dergleichen, stellte nur die Pumpe zurück und sagte »noch mal«.

Im Durchschnitt verunglücken bei Blohm & Voss drei Mann pro

Tag. 1962 kamen auf 3362 Arbeiter 872 »anzeigepflichtige Betriebsunfälle«, zwei davon waren tödlich. Jeder vierte Arbeiter hatte in diesem Jahr seinen Unfall.

Ein Werksarzt und eine Krankenschwester leisten Erste Hilfe. Die Unfallstation ist auch für erkrankte Arbeiter gedacht. Ich war zweimal da. Vorher mußte ich mich bei meinem Meister abmelden. Vor dem Untersuchungszimmer ist eine Stempeluhr angebracht. Bevor der Arzt fragt, was man hat, legt man ihm das Stempelkärtchen vor; er fragt dann »Nummer?« und »bei welchem Meister?«. Er reicht einem den Kuli, und man muß beides auf der Karte vermerken. Dann fragte er mich: »Was ist?« Ich sagte: »Schnupfen und Husten. Vielleicht auch Fieber, weiß aber nicht, habe kein Thermometer zum Messen. Ich fühle mich ziemlich schlapp, und letzte Nacht hatte ich Schüttelfrost.«

Er sagte: »A sagen« und pinselte mir eine rote beißende Tinktur in den Hals. Dann gab er mir etwa 20 Tabletten und sagte: »Dreimal am Tag zwei Stück, bis es weg ist. Der nächste ...«

Die Tabletten machten mich noch schlapper, ich war jetzt sicher, daß ich Fieber hatte, denn mein Herz pochte im Kopf, und der kalte Schweiß stand mir bei der geringsten Anstrengung auf der Stirn.

Am übernächsten Tag ging ich wieder hin, der Husten war jetzt weg, aber auch meine Stimme. Er erkannte mich zuerst nicht wieder, aber als ich ihm den Rest seiner Tabletten zeigte und kaum hörbar hervorkrächzte, »die haben nicht geholfen«, wußte er Bescheid. Er schüttelte den Kopf – etwas unwillig – und gab mir neue Tabletten, diesmal kleine graue, die schmeckten wie Lakritze, nur etwas schärfer. Dann konnte ich wieder gehen.

Über Weihnachten hatte ich hohes Fieber.

Ein Arzt kam noch am späten Nachmittag, sprach von »verschlepptem Grippeinfekt« und verordnete »strengste Bettruhe«.

Weil heute Heiligabend ist, hat die Werftleitung uns zwei Arbeitsstunden geschenkt. Ein Aushang an den Stempeluhren wünscht: »Gesegnete Festtage!« – Die Möwen schreien, weil sie Hunger haben. Im frisch gefallenen Schnee sind Spuren wie von einer Katze. Sie laufen ums Schiff herum und enden am Wasser, von wo aus sie nicht mehr zurückführen. »Wasserratten«, meint mein Kumpel, »in den kalten Wintern wagen sie sich in die Schiffe und suchen nach Brotresten. Im vorigen Jahr, während der Flutkatastrophe, als die halbe Werft unter Wasser stand, wimmelte es hier von Ratten. Da mußten wir weiterarbeiten, in hohen Gummistiefeln. Ob Überschwemmung, ob 30 Grad Frost, gearbeitet wird trotzdem. Die Arbeit auf dem Bau ist nicht so schwer wie bei uns, da gibt's aber Feierschichten und Schlechtwettergeld.«

Wir machen uns heute noch lustloser als sonst an die Arbeit. Es breitet sich so eine Art Weihnachtsstimmung bei den Arbeitern aus, die sich bei meinem Kumpel in dem Ausspruch kundtut: »Weihnachten vollaufen lassen bis hier« – er legt seine Hand waagerecht über seinen Schutzhelm –, »nichts mehr hören und nichts mehr sehen von der ganzen Sauarbeit!«

Gegen 12 Uhr liegt weihnachtliche Stille über den Schiffen. Eine halbe Stunde später grölen Schlager aus den Schiffsbäuchen. »Oh, Susanna, wie ist das Leben doch so schön« – »Es steht ein Soldat am Wolgastrand« und »Stille Nacht, heilige Nacht!«

Schichtschluß! – zwei Stunden vor der üblichen Zeit, weil heute Heiligabend ist: Die Glocken bimmeln es schon von der anderen Seite die Elbe herüber, und der kolossale Tannenbaum auf dem Werksgelände flimmert es uns mit seinen elektrischen Lichtern ebenfalls vor.

Die meisten Arbeiter bewegen sich noch erstaunlich aufrecht zu den Umkleidesälen in Anbetracht der zahlreichen leeren Rum- und Schnapsflaschen, die auf den Helgen zurückgeblieben sind.

Der Riesenfahrstuhl im Tunnelschacht ist ganz von eng aneinandergedrängten Körpern angefüllt, so daß nur die Köpfe zu sehen sind, die kaum freien Raum zwischen sich lassen. Alle sind regungslos. Die Gesichter sind erstarrt und zeigen weder Ärger noch Ungeduld, noch Freude, noch Hoffnung.

Kurz vor Weihnachten ist auch Betriebsversammlung. Sie ist nur mäßig besucht. In der Schiffsbauhalle der ehemaligen

Schlieker-Werft. Blohm & Voss hat sie aufgekauft. Sie liegt ziemlich abseits von der übrigen Werft.

»Hier sollen in Zukunft Kriegsschiffe gebaut werden«, spricht mich ein Arbeiter neben mir an, »das soll keiner wissen, aber das weiß bald jeder.«

Es ist kalt in der weiträumigen demontierten Halle. Ein paar Fensterscheiben sind zerbrochen, und der Wind bläst herein. Der Arbeiter, der mich angesprochen hat, stapft von einem Fuß auf den andern. Ein anderer haut sich im Rhythmus die Arme um den Leib. Wir stehen und warten.

Uns gegenüber an einem langgestreckten Tisch haben Betriebsrat, ein Vorstandsmitglied und ein Funktionär der Gewerkschaft Platz genommen.

Man läßt uns auch nicht mehr allzulange warten, und die Betriebsversammlung geht über die Runden.

Schön der Reihe nach, zuerst der 1. Vorsitzende des Betriebsrates. Er liest hastig etwas von einem Blatt herunter, blickt einige Male auf dabei und seitwärts, wo Herr Vautier vom Vorstand seinen Platz einnimmt und anerkennend nickt.

Er kommt auch bald zu Ende mit seinem »Rechenschaftsbericht«. Lahmes Klatschen.

In der neuen Nummer der Werftzeitung von Blohm & Voss können wir dann nachlesen, was er im einzelnen gesagt hat: »Herr R. sprach über die zufriedenstellende Regelung der Bezahlung der Probefahrten, über die neue Parkplatzanlage für 160 Kraftwagen sowie über die Aufstellung von mehreren Heißgetränkeautomaten und über betriebliche Verbesserungen für die Betriebsangehörigen.« (»Was kann damit nur gemeint sein?« rätselt ein Arbeiter herum, der bei der Versammlung nicht da war, aber den Bericht darüber gelesen hat. Ich kann mich nicht erinnern und zwei weitere Arbeiter, die dabei waren, auch nicht.) Weiter steht in der Werftzeitung über die Rede des Betriebsrates: »Zwei schwierige Prozesse vor dem Sozialgericht konnten zugunsten der Hinterbliebenen tödlich verunglückter Betriebsangehöriger entschieden werden«, und in einem Atemzug, ohne Absatz: »Auch über die finanzielle Unterstützung, die Blohm & Voss den Betriebssportlern gewährt, wurde gesprochen.«

Der Herr vom Vorstand, Direktor Vautier, richtet anschließend das Wort an uns. Er liest eine überaus lange Rede vom Blatt ab, findet noch weit schönere Worte als der nicht so redegewandte Betriebsrat, spricht auch mit mehr Vehemenz und Gestikulation und flicht in seine lange Rede ein paarmal geschickt ein, daß »er sich kurz fassen wolle« und »gleich zu Ende sei«, wodurch seine Rede an Dynamik gewinnt.

In seiner Rede verurteilt er unter anderem die starke Fluktuation (die bei Blohm & Voss besonders stark ist) und wundert sich darüber. Er sagt wörtlich: »Wie Sie wissen, wird langjährige treue Zugehörigkeit zu uns belohnt, und anläßlich meiner Gespräche mit Jubilaren habe ich immer wieder gehört, wieviel mehr Sicherheit ein Arbeitsplatz bietet, den man so lange innehat. Manche haben sich in längerer Zugehörigkeit so gut eingearbeitet, daß ihr Verantwortungsbereich vergrößert werden konnte oder daß ihnen Auszeichnungen zuteil wurden.« Ein Arbeiter vor mir, bei dem das graue Haar unterm Schutzhelm zu sehen ist, schüttelt den Kopf.

Es stimmt in der Regel nicht. Wer alt wird und den Akkord nicht mehr mithält, wird ausrangiert und kommt aufs Abstellgleis. Wenn er es nicht vorzieht, sich vorzeitig pensionieren zu lassen, was weniger Rente für ihn bedeutet, steckt man ihn ins Lager oder in die Werkzeugausgabe, dann bekommt er an die 100,– bis 250,– DM weniger im Monat. Oder er muß bei jüngeren Arbeitern Handlanger spielen und bekommt ebenfalls viel weniger als zuvor.

Direktor Vautier macht seinen Arbeitern auch Mut. (Bekanntlich kann die deutsche Werftindustrie kaum noch auf dem Weltmarkt konkurrieren. Besonders die japanischen Werften produzieren billiger. Die Bild-Zeitung hat es in einer Schlagzeile einmal übertrieben formuliert: »In 10 Jahren kein deutscher Schiffbau mehr!« Manche Werftarbeiter fürchten, ihren Arbeitsplatz zu verlieren.) Die ruhm- und traditionsreiche kaiserliche Werft hat vorgesorgt. Direktor Vautier umschreibt es so: »Blohm & Voss hat aus der seit Jahren schwierigen Situation der deutschen Schiffbauindustrie wohl als einziges Unternehmen rechtzeitig und schon vor Jahren die Folgerung gezogen, neben

dem Schiffbau auch andere Fertigungen aufzunehmen, was uns
für mindestens die nächsten fünf Jahre eine Menge Arbeit bringen wird.« Er spricht dunkel von »Wannenherstellung« und »Behälterbau«. Bis 1966 sollen etwa 50 Prozent des Umsatzes »nicht
mehr schiffbaugebunden« sein.

Die wenigsten Arbeiter wissen, daß sich hinter der »Wannenherstellung« und dem »Behälterbau« Panzerteile verbergen.

Schon einmal war die kaiserliche Werft maßgeblich am deutschen Rüstungsgeschäft beteiligt. Ihr damaliger Besitzer Blohm
war Wehrwirtschaftsführer. Die großen Schlachtschiffe liefen
hier vom Stapel. Mancher ältere Arbeiter, der damals daran mit-
gearbeitet hat und es vielleicht sogar später bereut haben mag,
weiß nicht, daß es wieder soweit ist.

Er meint womöglich, daß er bei der Herstellung von merkwürdi-
gen, aber immerhin friedlichen Badewannen mitwirke.

Die Werftleitung, zumal die zu 50 Prozent am Aktienkapital be-
teiligte »Gruppe Blohm«, will heute von ihrer »ruhmreichen Rü-
stungstradition« nichts mehr wissen. In Nachrufen auf den kürzlich verstorbenen ehemaligen Wehrwirtschaftsführer wird von
den Regionalzeitungen hervorgehoben, daß die kaiserliche
Werft stets der »Christlichen Seefahrt« treu ergeben gewesen sei.
Um so unverständlicher sei es darum auch, daß die Alliierten die
kaiserliche Werft am Wiederaufbau noch hinderten, als andere
deutsche Werften schon flott wieder verdienten.

Wie Hohn klingt es dann auch, als Direktor Vautier in seinen
abschließenden Worten versichert: »Aufgrund dieser voraus-
schauenden Planung sind wir bei Blohm & Voss heute in einer
wesentlich besseren Situation als manch anderer Werft auf der
Welt.«

Zum Schluß dürfen sich noch Arbeiter melden, die was »auf dem
Herzen haben«. Denn es ist schließlich eine Betriebsversammlung, wo es um die Belange der Arbeiter gehen soll, weniger um
die des Unternehmens.

Aber keiner meldet sich zu Wort. Dabei hatten vorher welche
groß geredet, daß »sie es denen mal sagen wollten, ohne ein Blatt
vor den Mund zu nehmen!«.

Jetzt traut sich keiner.

Vielleicht hat man auch zuviel verlangt: »Wer was zur Diskussion vorzubringen hat, muß allerdings hier nach vorn kommen und durchs Mikrophon sprechen.« Nachdem das Mikrophon die vorher Mutigen eingeschüchtert hat, »sieht man sich leider gezwungen, die Versammlung zu beschließen«.

Was sollten die Arbeiter schon vorzubringen haben, für ihre Zukunft ist durch Wannen- und Behälterbau auf lange Zeit gesorgt.

Im Akkord
Siemens, München

Da sitze ich und feile. Jedes Stahlplättchen hat vier Seiten, und an jeder Seite ist ein quadratischer Einschnitt. Immer rundherum. Die vorstehenden scharfen Kanten muß ich wegfeilen. Warum wohl? Damit sich keiner daran schneidet? Aber das kann nicht sein. Die hauchdünnen Plättchen werden später von keinem mehr angefaßt. Sie finden in irgendeinem Apparat ihren Platz.

An die 300 Plättchen habe ich schon befeilt. 500 warten noch darauf. Immer rundherum. Diese Arbeit verführt zum Nachdenken oder Träumen. Aber dann ist es mit der Arbeit aus, und aus dem Akkord wird nichts. Ich befeile dasselbe Plättchen schon zum drittenmal. Man muß aufpassen dabei. Aber das kann man nur für kurze Zeit durchhalten. Dann läßt die Konzentration ganz von selbst wieder nach. Es ist paradox: Ich kann nur aufpassen, wenn ich mich nicht auf meine Arbeit konzentriere.

Diese Arbeit würde sich hervorragend als Beschäftigungstherapie für Schwachsinnige eignen.

Ich habe Wut auf die blödsinnige Maschine, die diese Plättchen so unvollkommen gemacht hat, daß ich nun noch jedes einzelne Stück glattfeilen muß. Ich muß als Lückenbüßer für diese noch nicht durchautomatisierte Maschine herhalten. Auf dem Laufzettel steht unter Sorte: »5165 – 7042, Rel. bkg, 190, T 123«. Darunter kann ich mir nichts vorstellen.

Man hat mir bei der Einstellung gesagt, daß ich in die »Meßgerätefertigung« komme. Wer garantiert mir, daß diese simplen Plättchen nicht am Ende noch Teilstücke, zum Beispiel für Peilvorrichtungen an Kanonen oder Atomgeschützen sind? Die Arbeit erscheint mir fremd und sinnlos, weil ich das fertige »ganze Stück« nicht kenne.

Heute ist mein erster Arbeitstag. Ich bin froh, daß ich die Formalitäten bei der Einstellung hinter mir habe.

In der supermodern eingerichteten Empfangshalle des Einstellbüros für Arbeiter waren die lederbezogenen Bänke leer. Nur eine ältere Frau mit abgearbeiteten Händen und abgetragener Kleidung hockte spitz auf der vordersten Kante der Bank, als ob sie sich vor dem pastellfarbenen Lederpolster fürchte. Der ältere, seriös wirkende Herr auf der Bewerbungsstelle für Arbeiter war außergewöhnlich freundlich zu mir. Er erhob sich, als ich von der Vorzimmerdame hereingeführt wurde, und auf mein »Guten Tag« hin begrüßte er mich mit Handschlag und »Grüß Gott«.

Mein vorgedrucktes Bewerbungsformular, worauf ich unter »die letzten vier Tätigkeiten? der Reihenfolge nach! von wann bis wann?« nur »Gelegenheitsarbeiten« quergeschrieben hatte, übersah er großzügig. Ja, ich fühlte mich so, als ob ich mich um einen höheren, ungemein wichtigen Posten bewerben würde, so zuvorkommend behandelte er mich. Der Herr erklärte noch, daß ich mich glücklich schätzen dürfte, bei einer so renommierten und sozial einzigartig geführten Firma Mitarbeiter zu werden.

Als ich mich nach der Höhe des Stundenlohns erkundigte, wurde er schon etwas kühler. »2,35 als Garantielohn am Anfang. Nachher können Sie selbst im Akkord mehr daraus machen. Wir bezahlen nach Leistung. Die Stückzahl ist das Entscheidende.« – »Dann kann ich das Doppelte bekommen, wenn ich doppelt soviel leiste?« – »Wo denken Sie hin. 20 Prozent Akkordzuschlag ist bei uns die Grenze.« Ich sagte ihm, dieser Stundenlohn sei mir zu wenig, »woanders kann ich als ungelernter Arbeiter an die 4 Mark und sogar noch darüber bekommen.«

Er überlegte. Ja, er hätte noch eine besser bezahlte Arbeit für mich. »2,50 Grundlohn, aber das ist auch das Äußerste. Hier, in unserer Stadt, ist dafür das Leben ja auch viel billiger als in anderen Städten.« Ich nahm die Stelle an.

Wohnen mußte ich auch irgendwo. Die Firma hat eine Zimmervermittlungsstelle. Zimmer an »Hilfskräfte« werden aber hier üblicherweise nicht vermittelt. Die werden ins Junggesellenheim gesteckt – zu viert auf ein Zimmer. Trotzdem versuchte ich mein Glück. Ich sagte nicht, daß ich Arbeiter sei. Die Dame bot mir als »unterste Preisgrenze« ein möbliertes Zimmer zu 90,– DM an.

Ich fuhr sofort hin, um es festzumachen. Die Vermieterin fragte zuerst, ob ich Ausländer wäre. An die vermiete sie grundsätzlich nicht. Dann wollte sie wissen, ob ich auch kein Arbeiter wäre? Sie hätte bisher nur an seriöse Herren vermietet. Der letzte, ein Oberingenieur, habe sechs Jahre bei ihr gewohnt. Ich mußte mich bei ihr als Angestellter ausgeben, um das »Ohnefließend-Wasser-Zimmer« überhaupt zu bekommen.

Zum Glück ist mein erster Arbeitstag bald überstanden. Viel schlauer als heute morgen bin ich auch jetzt noch nicht. Man hat mir einen blauen Kittel in die Hand gedrückt, »rumdrehn, so, paßt«, und mir eine Kiste voll Werkzeug unter den Arm geklemmt, dafür mußte ich unterschreiben. Dann hat mich noch jemand vor Unfällen gewarnt, »nur ja uffjepaßt, daß nix Schlimmes passiert, von wegen Finger abquetschen und so an de Maschinen, wir müssen für jeden schweren Unfall 2000 Mark an die Berufsgenossenschaft zahlen.« Das nehme ich mir zu Herzen.

Ich entdecke einige, die einen Verband um den Finger oder die Hand gewickelt haben. Die an den Maschinen sehen weder nach rechts noch nach links. Ich glaube, es hat keiner bemerkt, daß ich neu bin. Nur der Italiener neben mir, der auch an Plättchen herumfeilt, hat Notiz von mir genommen. Er grinst zu mir herüber: »Arbeit nix schwer, Arbeit aber auch nix gut. Akkord is Scheiße!« Hastig hat er mir die Worte an den Kopf geschmissen, ohne dabei seine Arbeit zu unterbrechen.

Immer wenn er einen Kasten mit Plättchen fertig hat, rechnet er umständlich etwas aus, wobei er seine Finger zu Hilfe nimmt. Dann füllt er einen Zettel aus, überträgt das anschließend noch in ein kleines Heft. Das kostet ihn allerhand Zeit.

In der viertelstündigen Frühstückspause spricht er mich noch mal an. Ihn interessiert, ob ich schon eine Zeitkontrollmarke habe. Nein? Das kann er sich denken, die warten immer eine Woche ab, weil viele in den ersten Tagen wieder gehen. Er will es auch nicht mehr lange machen. Die Arbeit wird ihm zuviel.

»Für dieselbe Arbeit früher 20 Minuten, heute 9 Minuten Zeit«, gibt er mir zu verstehen, und »attenzione, Kalkulator, buh!« Wenn der kommt – an der Stoppuhr und an seinem weißen

Kittel kann ich ihn erkennen –, soll ich nicht zu schnell arbeiten, sonst schindet er noch mehr Arbeit heraus.

Ein Arbeiter, der vorbeikommt und die Worte aufgeschnappt hat, bestätigt es und fügt noch hinzu: »Zuerst steigen die Preise. Dann müssen wir lange genug darum kämpfen, um die Löhne anzugleichen. Ist das erreicht, schraubt die Werksleitung unser Arbeitspensum in die Höhe. Und steigert womöglich trotz der Lohnerhöhung noch ihren Gewinn. Die Dummen sind immer wir...«

Jeden Morgen um 6 Uhr, auf dem Weg zur Arbeit in der Straßenbahn, bietet sich mir das gleiche Bild. Die meisten lesen Bild-Zeitung.

Vor den Werkstoren haben sich Verkäufer des Groschenblatts postiert und rufen die Tagesschlagzeile aus: »Noch ein Mord, der Würger ist mitten unter uns!« und »Oben ohne« und »Geschändete Frauenleiche klagt an!« und »Goldwater schwer im Kommen; er verspricht uns Deutschen: Ich mach mit der Mauer kurzen Prozeß!« und »Strauß sagt: Hoppla, ich bin wieder da!«

Auf dem Werksgelände sind stumme Ausrufer aus Papier postiert, mit Selbstbedienungskästen vorm Bauch. In der Frühschichtpause lesen die meisten dann »Bild«.

Eine 17jährige Arbeiterin neben mir spricht mich während der Frühstückspause an. Ihre einzige Lektüre ist das Springer-Blatt. Sie meint: »Deutschland ist dem Ami doch haushoch überlegen und brauchte ihn nicht mehr, wenn es sich mit Frankreich zusammentäte; und mit Frankreich könnten wir dann auch den Russen kaltmachen. Und lynchen sollte man den Stücklen!« (»Bild« führt in diesen Tagen gerade seine Attacken wegen der Telefongebührenerhöhung gegen den Postminister.)

Die Arbeiterin, die höchstens wie eine 14- bis 15jährige aussieht, steht bereits voll im Akkord. Sie setzt alles daran, die Akkordspitze von 20 Prozent Mehrarbeit herauszuholen. Sie sagt: »Ich bin auf das Geld angewiesen. Wenn man einmal an die Zulage gewöhnt ist, kommt man ohne nicht mehr aus!« Oft schafft sie die Akkordspitze dennoch nicht: »Trotzdem daß der Meister mich gut leiden mag und mir schon die beste Arbeit zuteilt.«

Das war in den letzten beiden Wochen der Fall. Sie konnte nur mit halbem Akkordzuschlag abrechnen. Aber sie war an das Geld gewöhnt und darauf angewiesen und mußte Vorschuß nehmen. So steht sie jetzt mit 40,–DM minus zu Buch. Beim nächsten »Lohnabschlag« muß das Defizit wieder ausgeglichen sein, und sie ist gezwungen, die Akkordspitze zu erreichen.

Wir machen beide die gleiche Arbeit, sie ist trotzdem zwei Lohngruppen tiefer als ich eingestuft. Sie erhält in Lohngruppe vier 2,18 DM Stundenlohn, ich in Lohngruppe sechs 2,51 DM. Macht in der Woche 13,20 DM Unterschied, im Monat 52,80 DM. Ein Betrag, der empfindlich spürbar ist bei nur 330,–DM netto monatlich. Dabei unterscheidet sich unsere Arbeit in nichts.

Sie bringt mir einen Trick beim Feilen bei, so komme ich mit der vorgeschriebenen Zeit wenigstens ungefähr hin, zuvor brauchte ich das Doppelte. Dem Meister war es nicht eingefallen, mir das zu erklären, es war ja nicht seine Zeit, die ich erreichen mußte.

Einmal zeigt mir das Mädchen in der Pause ein Foto und erklärt stolz: »Das ist mein Bub.« Ich bemühe mich, mir mein Erstaunen nicht anmerken zu lassen. Sie erzählt: »Reingefallen bin ich. Er wollte mich heiraten. Jetzt zahlt er nicht mal die Alimente und geht extra nicht arbeiten, damit man sie nicht vom Lohn pfänden kann.« Das Kind wird von ihrer Mutter aufgezogen. Sie zahlt ihr im Monat 60,–DM dafür. (»Die hat selbst auch nur 180,–DM Rente im Monat.«)

Zuerst wohnte sie selbst noch mit dem Kind bei ihrer Mutter und kam jeden Tag als Pendlerin 130 km mit dem Zug in die Stadt. Da war sie dreizehn Stunden täglich unterwegs, acht Stunden Arbeit und fünf Stunden An- und Abreiseweg. Dann wurde ihr das Fahrgeld zuviel. Jetzt wohnt sie im Ledigenheim für 60,–DM im Monat und fährt an jedem Wochenende nach Hause zu ihrem Sohn.

Von den weit über 10000 Werksangehörigen ist jeder sechste Pendler. Ihre Zahl wächst ständig. Anfangs waren es nur die umliegenden Dörfer im Umkreis von 50 Kilometern, die von den Werksbussen erfaßt wurden. Jetzt bemühen sich Werber, auch die abgelegensten Nester in über 100 Kilometern Entfernung zu erschließen, um an billige und willige Arbeitskräfte zu kommen.

Die meisten Pendler waren zuvor in der Landwirtschaft beschäftigt. Sie sind im Sog der Landflucht zur Industrie gekommen. Im Verdienst haben sie sich kaum verbessert. Aber sie machen sich bei der Arbeit nicht mehr schmutzig, und die Arbeitszeit ist geregelter.

Trotzdem wandern viele von ihnen sehr bald wieder in andere Berufszweige ab. Die Fluktuation gerade unter ihnen ist besonders stark. Ein ehemaliger Melker, jetzt drei Monate hier, sagt: »Ich kündige zum Ersten. Der Werber in unserem Dorf hatte versprochen, die 2,50 in der Stunde gälten nur als Einstellohn. Mein Verdienst würde sehr bald höherklettern. Jetzt glaube ich nicht mehr daran. Hier sind Arbeiter zehn und sogar fünfzehn Jahre dabei und bekommen nur ein paar Pfennige mehr. Außerdem müssen die Anfahrtswege bei der Arbeitszeit immer hinzugerechnet werden. Dann ist es kein Achtstundentag mehr, sondern ein Zwölfstundentag. Und diese Arbeit ist nichts. Immer dasselbe machen, was sogar mein kleiner Bruder schon könnte, der noch nicht zur Schule geht, man wird ja deppert dabei!«

Er will jetzt zum Straßenbau überwechseln. In der Nähe seines Dorfes wird eine neue Straße verlegt. Er verdient dort ein paar Groschen mehr. »Lieber da hart zupacken als hier noch kindisch werden!« So drückt er es aus. Es stimmt, es gibt langjährige »Mitarbeiter« des Werkes, die mit ihrem Stundenlohn gerade acht Pfennige über dem allgemeinen Einstellohn liegen.

In der pompös aufgemachten Betriebsordnung – mit echtem Ledereinband –, die jedem bei der Einstellung überreicht wird, kann man jedoch zu seiner Beruhigung lesen: »Wer sein Schicksal mit dem Hause Siemens verbindet, kann damit rechnen, daß ihm die gleiche Verbundenheit bekundet wird, solange sein persönliches Verhalten, seine Arbeitsleistung und die wirtschaftlichen Verhältnisse der Firma es erlauben.«

Die wirtschaftlichen Verhältnisse des Riesenunternehmens dürften nicht gerade schlecht sein, wie die steigenden Aktienkurse in den letzten fünfzehn Jahren verraten. Trotzdem liegt ein Großteil der Löhne und Gehälter kaum über dem Existenzminimum. Ein 43jähriger Arbeiter, verheiratet, drei Kinder im schulpflichtigen Alter, bringt es mit Akkordzuschlag auf 480,–DM netto im

Monat. Er sagt: »Fällt der Akkord aus irgendeinem Grund einmal weg, ist es bitterste Armut!«

Nach zwei Wochen Feilen habe ich mich »lahmgefeilt«. Das rechte Handgelenk ist leicht angeschwollen, die Finger verlieren an Beweglichkeit, die vorgeschriebene Zeit reicht nicht mehr aus. Ich melde mich beim Meister.

Der schüttelt an meinem Handgelenk herum, beargwöhnt die Beweglichkeit meiner Finger und begutachtet schließlich mein Werkzeug »Hand«. »Ist immer noch zu was nutze, solang sie nicht ab ist. Da haben wir gleich ein Heilpflästerchen für.«

Er schiebt mir zwei Kästen hin, gefüllt bis zum Rand mit kleinen Messingringen. Ich folge ihm damit zu einer Bohrmaschine, er richtet den Bohrer ein, betätigt den Einstellknopf und führt mir schweigend drei Arbeitsgänge vor. Da gibt es nichts zu erklären, die Arbeit tut sich sozusagen von selbst, das sieht man auf den ersten Blick. Er überläßt mich mit den Tausenden von Messingringen meinem Schicksal.

Ich sehe mir zuerst den »Arbeits- und Lohnzettel« an, der jedem Arbeitsposten beiliegt. »Benennung: Hülse«, ist darauf vermerkt und »Stückzahl: 15000«, ferner steht da noch unter »Werkstoff-Bezeichn.: DK 5 DIN 1540, St VII, 32«, unter »Arbeitsgang: Bohrung ausdrehen« und »Arbeitsposition: 29«, das wird schon alles seine Richtigkeit haben, obwohl ich die Stückzahl bei dieser Menge nicht nachprüfen kann.

Auch die Zeit ist genormt und genau festgesetzt: »10%«, das ist die Verteilzeit, also muß ich 100 Hülsen in 10 Minuten schaffen, das sind bei 15000 Stück 1500 Minuten, das macht 25 Stunden. Ich nehme mir vor, die Akkordspitze zu erreichen, muß also 20 Prozent an Zeit herausholen. Statt in 25 Stunden muß ich nun in 20 Stunden fertig sein. Eine »Rüstzeit« von 15 Minuten ist mir als Vorgabe gegeben. Sie ist zum Einstellen der Maschine und für den Gang zur Toilette eingeplant worden. Es ist eine leichte Arbeit, eine saubere Arbeit, eine schöne Arbeit.

Die Hülse an den Bohrer halten, so wird der scharfkantige Grat weggeschliffen. Der Bohrer sirrt beruhigend und einschläfernd, der Metallstaub rieselt wie feinster Flitter über meine Hände. Um die angegebene Stückzahl nachzuprüfen und um meine Zeit zwischendurch kontrollieren zu können, zähle ich während der Arbeit die Hülsen mit. Jeweils bei Hundert ein Strich.

Beim fünften Strich sitze ich schon eine Stunde über meinen Hülsen, bin also schon 20 Minuten im Rückstand. Ich gehe zum Meister. Der kommt unwillig mit und führt es mir noch einmal vor. Genauso habe ich es auch gemacht. Ich frage den Meister, worauf es bei dieser Arbeit ankommt, vielleicht braucht der Grat nicht so tief geschliffen zu werden, dann ginge es mit der Zeit. Meine Frage hat den Meister verwirrt. Er weiß auch nicht, wo Sinn und Zweck dieser Arbeit liegen, und entgegnet: »So und nicht anders wird's gemacht. Es muß nämlich gut aussehen, basta!« Ein Arbeiter, der das mitbekommen hat, erklärt mir nachher, wie ich es anstellen muß. »Die Bohrung nur halb so tief ausdrehen. Sonst holt man unmöglich den Akkord. Die Revision läßt es auch so durchgehen.«

Nach vier Stunden »Bohrung ausdrehen« haben sich meine Hände eingespielt. Es läuft wie am Schnürchen, traumhaft sicher und schnell.

Auf einmal vergesse ich die Hülse an den Bohrer zu halten, dafür halte ich mechanisch meinen Finger hin. Ich bin ziemlich reingeratscht. Das Blut sickert aus der Fingerkuppe und vermischt sich mit dem Bohrstaub zu einer klebrigen Masse. Jetzt verlangte das »Arbeitsschutz-Merkblatt für Neueintretende« sowie der gesunde Menschenverstand, daß die Wunde desinfiziert wird. Das Merkblatt mahnt: »Vernachlässigen Sie auch kleine Verletzungen nicht. Selbst wenn diese noch so belanglos und ungefährlich erscheinen, können sie bei Verschmutzung zur Blutvergiftung führen. Gehen Sie deshalb auch in diesen Fällen zum Verbandraum, und lassen Sie sich dort versorgen.« Aber wer versorgt indessen meine Arbeit! Ich würde 20 Minuten an Zeit verlieren, der Verbandraum liegt 5 Minuten entfernt. Ich gehe nicht hin. Das Akkordfieber hat mich gepackt.

Bei Schichtschluß drücke ich zufrieden auf den roten Abschaltknopf. Ich bin noch 20 Minuten unter der vorgenommenen äußersten Abrechnungszeit geblieben, morgen kann ich mir etwas Ruhe gönnen.

Als ich in der Trambahn dem Schaffner meine Knipskarte hinhalte, merke ich, daß meine Hand zittert. Nicht sehr stark, aber ich kann sie beim besten Willen nicht ruhig halten, ein leichtes Vibrieren, wie das Ausschlagen des Bohrers, wenn ich die Hülse dagegenpresse.

Am folgenden Tag läßt meine Konzentration merklich nach. Ich gerate wieder in Zeitrückstand. Es ist wie ein Wettlauf mit der Zeit, einmal liegt sie vorn, ein andermal ich, ich muß am Ende als Sieger aus dem Rennen hervorgehen, sonst verliere ich Geld.

Mir gegenüber, durch eine Glasscheibe getrennt, sitzt eine jüngere Arbeiterin an einer Maschine und »drückt« pausenlos Schweißwarzen in kleine Eisenplättchen. Jetzt, wo meine Konzentration nachläßt, nehme ich sie zum erstenmal richtig wahr. Sie ist sehr hübsch, schade, daß die Glaswand zwischen uns ist, ich würde sie sonst einmal ansprechen, könnte sie eventuell näher kennenlernen. Sie ist dermaßen in ihre Arbeit verbissen, daß sie nichts bemerkt.

Da blickt sie einmal von ihrer Arbeit auf, über mich hinweg auf die Hallenuhr und fährt noch hastiger in ihrer Arbeit fort.

Flirts oder ein Kennenlernen bei der gemeinsamen Arbeit kommen so gut wie nie vor, dafür sorgt der Akkord.

Am dritten Tag geht diese Arbeit ihrem Ende zu. Sämtliche Gedanken sind aus mir gewichen, ich bin selbst nur noch eine leere Hülse, wie die Metallhülsen, die ich bearbeiten muß.

Als ich fertig bin, habe ich das Rennen mit fünf Minuten Vorsprung gewonnen. Dafür sind die Fingerspitzen jetzt taub, die Fingernägel zum Teil eingerissen und einige Nägel bis aufs rohe Fleisch abgeschliffen.

Ich zähle die Striche und zähle sie noch einmal, es sind und bleiben 153, demnach habe ich nicht 15000 Hülsen, wie auf dem »Arbeits- und Lohnzettel« angegeben, sondern 300 Stück mehr bearbeitet. Die 24 Minuten Mehrarbeit stehen mir zu, ich will sie verrechnet haben. Der Meister lehnt ab: »Wenn Sie's gemacht haben, ist das Ihre Sache. Berechnet wird grundsätzlich nur die angegebene Stückzahl, hier 15000. Der Rest ist dann als Ausschuß einkalkuliert.« – »Aber ich hatte überhaupt keinen Ausschuß!« – »Ist bei Ihrer Arbeit auch kaum drin. Beim nächsten, dem Gewindedreher, schon eher. Hätten die 300 ruhig liegenlassen können, hätt Ihnen keiner was sagen können, wär Ihr Recht gewesen, ist nun zu spät!«

Auf diese Weise leisten die meisten mehr Arbeit, als man ihnen verrechnet, denn wer macht sich schon die Mühe und zählt bei der Arbeit ununterbrochen?! Viele Arbeiter beklagen sich über die Ungerechtigkeit bei der Arbeitszuteilung. Ein schon älterer und abgearbeiterer Arbeiter, der am längsten von uns hier ist, beschwert sich: »Unser Meister teilt mir grundsätzlich immer die schlechteste Arbeit zu, wo man mit der Zeit unmöglich auskommen kann. Er kann mich nämlich nicht leiden, weil ich ihn von früher her kenne, als er noch Stellvertreter des Meisters war. Damals drückte er sich, wo er konnte, und schob anderen seine Arbeit zu. Er weiß, daß ich alles über ihn weiß, und das wurmt ihn, und er will es mir zeigen. Ich kann schon seit langem nur noch mit halbem Akkord abrechnen, weil er mir wirklich die sauigste Arbeit zuteilt. Er hat auch seine Lieblinge. Von denen läßt er sich nach Feierabend Schnäpse spendieren. Dafür gibt er denen dann auch die Vorzugsarbeit.«

Das gesamte Akkordsystem ist äußerst fragwürdig. Es gibt eine gesonderte Kalkulationsabteilung, dort sitzen Leute, die wir hier nie zu Gesicht bekommen, und tüfteln unsere Zeiten aus. Ein anderer Arbeiter sagt: »Es ist oft geradezu lächerlich, wie die die Zeiten veranschlagen. Man meint, die hätten keinen blassen Schimmer davon, wie hier die Arbeit läuft. Da kommt's gar nicht mal selten vor, daß sie den gleichen Arbeitsgang 20 oder 30 Prozent höher kalkulieren als vorher. Theoretisch hat man dann das Beschwerderecht. Aber lauf du mal zu denen aufs Büro und mach dich unbeliebt, wenn es um 20 Minuten geht. Immer besser ist: Schnauze halten! Es ist auch schon mal vorgekommen – ein einziges mal zwar bisher nur –, daß sie sich um eine Stunde zu unseren Gunsten verkalkuliert haben. Das blieb schön geheim. Man ist ja nicht auf den Kopf gefallen!«

Noch aus einem weiteren Grund ist das ganze Akkordsystem hier illusorisch. Denn man zahlt nicht das volle Gehalt, sondern das verminderte Gehalt plus Akkordzuschlag, also Zwang zum Akkord. Man sollte angemessene Normallöhne für Normalleistungen zahlen. So aber ist es ein System des gegenseitigen Mißtrauens.

Nach sieben Wochen Akkordarbeit reiche ich meine Kündigung ein. Der Meister ist nicht besonders erstaunt darüber. Von den etwa 40 Arbeitern aus meiner Umgebung haben sechs in der kurzen Zeit ihre Stelle aufgegeben. Neue Gesichter sind hinzugekommen. An meinem letzten Arbeitstag teilt mir die Schreiberin mit, daß ich mich im Lohnbüro zu melden habe. Ich frage mich durch. Dort sitzt eine Dame. Sie erklärt mir, daß sie dazu da ist, herauszubekommen, »warum so viele neue Mitarbeiter das Werk so schnell wieder verlassen«.

Routinemäßig stellt sie an alle Ausscheidenden ihre Fragen, um die geheimen Gründe zu erforschen und sie statistisch auszuwerten. Die Fragen liest sie von einem Fragebogen ab. »Schwierigkeiten mit Ihren Kollegen?« – »Vom Meister benachteiligt?« – »Wie war das Kantinenessen?« – »Haben Sie familiäre Schwierigkeiten?« Und so weiter. Das Wesentliche aber vergißt sie zu fragen, und ich versuche, ihr die ungestellte Frage zu beantworten: »Es liegt an der Monotonie der Teilarbeit und an der schlechten Bezahlung.«

Im Stahlrohrwerk
Plemperer*, Paderborn

Geht man das erste Mal die winklige Dorfstraße entlang, muß man dem Werbeprospekt des hiesigen Verkehrsvereins e. V. Glauben schenken:»Den Besucher grüßen schon von weitem die alte ehrwürdige Kirche und die markanten Türme der von dichten Baumkronen umgebenen Festung. Diese beiden sehenswerten Bauten bilden den Kern des Ortsbildes. Im Kreis um diese harmonische Einheit reihen sich behäbige Bürgerhäuser. Malerische Winkel und schöne alte Fachwerkhäuser... Anlagen mit farbenfrohem Blumenschmuck... Mächtige Kronen uralter Bäume... Die fischreichen Wassergründe... für Angler ein wahres Paradies. Die Wasserläufe des Kanuten beste Möglichkeiten... Gepflegter Tennisplatz... Waldbad... Historische Wein-, altdeutsche Bierstube ... Rauschende Kiefernkronen ... Alte Bauernhöfe... Weihe und Stille überm Ehrenhain ...«
Nur nachts schrickt man aus dem Schlaf hoch. Es sind seltsame Geräusche in der Luft, vom Regenprasseln bis zum fernen Donnergrollen. Aber es regnet nicht, und die Nacht ist sternklar. Trotzdem spukt's hier nicht, und es ist kein Traum: In den Plemperer-Werken wird Tag und Nacht gearbeitet, auch sonntags. Dann vermischt sich das mächtige Klatschen der vom Kran fallenden Stahlrohre mit dem frühen Glockengebimmel vom hohen Kirchturm. Der Festung gegenüber liegt dies andere »Kernstück des Ortsbildes«, davon spricht der Prospekt nicht. Hinter geduckten Häusern verdeckt, erstrecken sich riesige Fabrikgebäude. Dreimal am Tag und in der Nacht saugen sie Menschenmassen in sich ein, um sie nach Schichtschluß wieder auszuspukken. Weit über 2000 Männer sind es pro Tag und Nacht, und ich gehöre zu ihnen.

* Name geringfügig geändert

Es begann wie üblich, sehr sittsam und human. Im freundlichen Zimmer des Personalchefs der Plemperer-Werke. »Mann, Sie sind jung, im Akkord sind geradezu Spitzenlöhne drin, wenn Sie auf Zack sind.« Ein älterer Mann im blauen Kittel schaut herein. Der Personalchef stellt uns vor: »Ein Neuer, unser Betriebsrat.« Der Betriebsrat reicht mir die Hand: »Stimmt, können schon 'ne Menge Geld machen, wenn Sie sich ranhalten. Dürfen sich kein Beispiel an unseren Fremd..., hm, Gastarbeitern nehmen. Drücken sich fast alle vorm Akkord, die Brüder. Haben hier 'ne gerechte Arbeitsplatzverteilung. Müssen immer wieder sehen, daß Sie an die beste Maschine kommen. Macht enorm viel aus.« Personalchef: »Ha, der ewige Kampf um den besten Platz!« Betriebsrat: »Nicht lockerlassen. Immer wieder zum Meister gehen. Nach 'nem Jahr spätestens haben Sie's raus, an welcher Maschine Sie's meiste bringen.«

Ich bedanke mich für die guten Ratschläge. Kategorisch erklärt mir der Personalchef, daß mir in der ersten Woche 100,– DM als »nicht zu verrechnender Vorschuß« in bar ausgezahlt werden. Eine Art Überbrückungsgeld für den Neueintretenden. Nur hat das einen Haken: Im Krankheitsfall werden die 100,– DM wieder einbehalten. Also gerade dann, wenn der Arbeiter den unfreiwillig kassierten Vorschuß am wenigstens zurückzahlen kann. Das Krankengeld liegt sowieso weit unter dem normalen Akkordlohn. Bei der Gesundmeldung wird der aufgezwungene, verlockende Vorschuß erneut gewährt. Der Grund ist klar: Mißtrauen gegen kranke Arbeiter. »Wahrscheinlich ist er überhaupt nicht krank, sondern tut nur so. Das soll er zu spüren bekommen. Vielleicht überlegt er es sich dann noch mal.« Sollte er wirklich krank sein, schaffen die 100,– DM, auf die er vielleicht schon sehr bald angewiesen ist, den Anreiz, sich so schnell wie möglich wieder hochzurappeln und zur Stelle zu melden. Auch dann, wenn er sich besser noch zu Hause kurieren sollte.

Mein erster Arbeitstag ist deprimierend. Ich finde mich zur Spätschicht kurz vor 14 Uhr beim Pförtner ein. Er überreicht mir einen Werksausweis, darauf ist eine Nummer vermerkt. Einen zufällig vorbeikommenden Arbeiter spricht der Pförtner an: »Der ist neu, kannst ihn in einem mitnehmen, ist derselbe Weg.«

Der Arbeiter läßt mich in einer Fabrikhalle stehen, wo ohrenbe-
täubender Lärm ist. Hier soll irgendwo mein künftiger Arbeitsplatz sein. Der Arbeiter brüllt gegen das Getöse an: »Meld dich
beim Meister!«, ehe er weitergeht. Ich spreche jemanden an, der
wie ein Meister aussieht. »Nummer?« will er wissen. Ich zeige
meinen Ausweis vor. »Nicht zuständig für die Nummer, ab 1600
alles im nächsten Revier.«
Ich frage mich durch. An wen ich gerate, ist mir nicht klar. Ist es
ein Meister, Vorarbeiter oder was sonst? Man stellt mich zu
einem Ausländer an eine Maschine. Ich soll zusehen, wie's gemacht wird, soviel habe ich begriffen. Der Ausländer – ich
glaube, es ist ein Spanier – versteht kein Wort Deutsch. Er bemüht sich rührend, mir die Handgriffe an der Maschine beizu-
bringen. Nach vier Stunden bediene ich bereits selbst eine Maschine, die zuvor nicht in Betrieb war. Ich schneide Rohre. Auf
Unfallgefahren hat mich keiner aufmerksam gemacht. Da soll
ich nach und nach noch selbst dahinterkommen, manchmal haar-
scharf an einem Unfall vorbei. Ich gerate gleich am ersten Tag
mit einer Hand in die sich mit rasender Geschwindigkeit dre-
hende Patrone, als ich ein klemmendes Rohr nachschieben will.
Ich habe Glück, ein paar Kratzer, die nicht die einzigen bleiben,
sind alles. Später erfahre ich, daß bei solchen Handgriffen schon
Finger gebrochen und sogar abgerissen wurden.
Ich stehe an meiner Maschine, vor mir eine Wand, rechts und
links von mir hochaufgetürmte Stapel von Rohren in allen Dik-
ken und Längen. Die nächste Maschine mit dem Spanier in 20 bis
30 Meter Entfernung. In meiner Nähe ist noch eine leerstehende
Maschine. Hin und wieder huschen Schatten wie von Riesenvö-
geln an der Wand vorüber. Dann weiß ich, daß über mir der Kran
mit schwebenden Lasten vorbeigleitet. Zweimal am Tag tritt der
Anschreiber hinter mich, dann erschrecke ich jedesmal, wenn er
plötzlich wie aus dem Boden gewachsen an meinem Ohr steht
und »Nummer?« und »Stückzahl?« fragt.
Während der achtstündigen Schicht gibt es eine einzige Pause
von einer Viertelstunde, unbezahlt, versteht sich. Dann hockt
sich der Spanier auf seine Rohre und ißt in dem Öldunst seine
Brote. Zwei wacklige Tische mit vier Bänken, eine ohne Lehne,

stehen in unserem Hallenabschnitt. Da sitzen sie dichtgedrängt zusammmen, drüben wird weitergearbeitet, und wenn der Kran die Rohre herunterklatschen läßt, verstummt die Unterhaltung abrupt, die von einigen beinah schreiend geführt wird. Wenn die Sirene Punkt 9.15 Uhr wieder losheult, bleibt alles noch einige Sekunden wie gebannt hocken, nur zögernd sucht dann jeder wieder seinen Arbeitsplatz auf.

Es gibt eine Werkskantine. Dort kann man für nur 1,– DM reichlich und auch abwechslungsreich zu Mittag essen. Von dieser Einrichtung erfahre ich jedoch erst nach anderthalb Wochen. Ein Arbeiter, bei dem ich mich danach erkundige, gibt mir zur Antwort: »Ich glaube nicht, daß es hier Kantinenessen gibt. Bin aber nicht sicher, bin erst sechs Wochen hier.«

Zufällig entdecke ich über einem Werkzeugschrank einen vergilbten Aushang der Werksleitung. Sie beklagt darin »die minimale Beteiligung am Kantinenessen« und droht mit der »Auflösung der Werksküche wegen Unrentabilität«. Nach den Gründen für die mangelnde Inanspruchnahme braucht man nicht lange zu suchen, für den »Akkordler« liegen sie offen auf der Hand. Seine Zeit ist Geld. Er geizt sowieso mit jeder Minute. Für den Gang zur Kantine, das Stehen in der Schlange und schließlich fürs Essen selbst braucht er eine halbe Stunde zusätzliche Zeit. So gerechnet, kostet ihn der Spaß nicht 1,– DM, sondern 3,– DM und mehr, je nach seiner Akkordleistung. Und die meisten im Werk stehen im Akkord. Darum verzichten sie lieber auf die warme Mahlzeit und stopfen in der kurzen Pause ihre Brotschnitten in sich hinein.

Ein anderer, bereits angeschmutzter Aushang daneben hat das gleiche Thema. Hier hat sich der Betriebsratsvorsitzende F., kraft seines nun schon fünfzehn Jahre währenden Amtes, mit seiner ganzen Autorität »zum wiederholten Male« mit einem »Erlaß und einer ernsten Warnung an alle Betriebsangehörigen« gewandt. Er droht, »in Zukunft bei Ertappung des Täters schärfstens einzuschreiten«. Worum geht's? Es gibt »Akkordler«, die sich den Gang zur Toilette einfach nicht leisten wollen oder können und ihre Notdurft hinter der Maschine oder zwischen den Bergen von Rohren verrichten. Bei diesem »ernstlichen Mißstand« – »es bringt mit der Zeit eine Belästigung der Kollegen durch schlechten Geruch mit sich«, schreibt Herr F. in seinem Erlaß – erwachen bei dem freigestellten Betriebsratsvorsitzenden sogleich seine vornehmlichsten Aufgaben und Pflichten. Er fühlt sich dazu berufen, gegen diese echte »Sauerei schärfstens einzuschreiten«. Wogegen er jedoch nicht einschreitet, was er im Gegenteil bei alldem stillschweigend duldet und mit seiner Unterschrift noch sanktioniert, ist der höher und höher geschraubte Akkord. Der Akkord ist mit den Jahren – ähnlich wie beim Sport durch sich ständig überbietende Rekorde – hochgetrieben worden. Es hat vereinzelte Arbeiter gegeben – wahre »Hennecke«*-Typen –, die holten das Letzte aus sich heraus, »brachten« einen Stundenlohn von 4,50 DM und darüber. Das darf aber nicht sein, denn ein Hilfsarbeiter verdient dann mehr als sein Meister und steckt das Gehalt eines mittleren Angestellten ein. Niemand hält diese Spitzenleistung lange durch, meist geht sie auf Kosten der Gesundheit. Nun müssen die nachfolgenden Arbeiter dafür büßen. Ihr »Soll« wird von der Werksleitung höhergesetzt, ihr Verdienst sinkt. Aber immer wieder gibt es von der Akkordwut Befallene, die ein neues »Übersoll« herausholen. Jetzt scheint an den meisten Maschinen die äußerste Leistungsgrenze erreicht. Man muß schon mehrere Jahre an derselben Maschine stehen, um eine Spitze von 4,20 bis 4,30 DM zu schaffen. Nur die Jüngeren können den Akkord schaffen. Die andern sind vorzeitig ausgebrannt.

Die Arbeiter machen sich nichts vor. Sie sagen: »Akkord ist langsamer Selbstmord!« Ein 38jähriger Arbeiter sagt: »Ich stehe nun schon acht Jahre im Akkord. Viel länger mache ich's nicht mehr. Noch ein paar Jährchen, und ich bin reif für die Versehrtenabteilung. Dann bekomme ich als Kontrolleur an die 200,– DM weniger im Monat. Wer hier den Akkord voll ausnutzen will – das wollen alle, der Grundlohn ist entsprechend niedrig angesetzt, wir sind auf die Zulage angewiesen –, ist zehn Jahre früher pensionsreif, ist zehn Jahre früher tot!«

* Sogenannter »Held der Arbeit«, d. h. Akkordbrecher aus der Anfangszeit der DDR

Die Akkordhetze wirkt sich natürlich auf das Betriebsklima aus. Der Akkordler unterwirft sich während seiner Arbeit dem Rhythmus der Maschine und wird zum Roboter. Das Gesicht des Akkordlers ist reglos und grau, als wäre es nicht aus Fleisch. Ein Meister sagte einmal scherzhaft zu einem Vorarbeiter: »Die haben hier alle das Sprechen verlernt.« Es stimmt. Die Maschine läßt nicht mit sich reden. Der Arbeiter an der Maschine schweigt. Jedes Wort, das er verliert, ist verlorene Zeit. Nach und nach vergißt er die menschliche Verständigung. Mißmutig stellt er sich morgens an die Maschine, trübsinnig läßt er nachmittags von ihr ab. Man kann sich mit ihm über nichts unterhalten. Er hört auf die Stimmen der Maschine. Jede schreit auf ihre eigene Art, gegen ihren Lärm kommt er nicht an. Um ihn herum ist der Gestank heißen Öls.

Nie darf die Produktion stillstehen. Es fehlen Arbeitskräfte. Überstunden sind an der Tagesordnung. Regulär werden 43 Stunden in der Woche gearbeitet. Viele arbeiten jeden Samstag und Sonntag. Es gibt Produktionsabschnitte im Werk, wo man sich nicht freiwillig zur Sonntagsarbeit meldet, wo sie abverlangt wird. Ein Arbeiter, der davon betroffen ist, sagt: »Sonntag wäre der einzige Tag, wo ich für meine Familie Zeit hätte. Aber mir bleibt keine andere Wahl, als jeden Sonntag Überstunden zu schieben; allerhöchstens einmal im Monat kann ich mir einen Sonntag freimachen. Würde ich ablehnen, bekäme ich eine weitaus schlechter bezahlte Arbeit in einem anderen Produktionsabschnitt zugeteilt.«

Es gibt aber auch Arbeiter, die reißen sich um jede Überstunde. Ich kenne einen Italiener und einen Deutschen von der Walzstraße, die arbeiten Tag für Tag zwei Schichten hintereinander. Sie sind sechzehn Stunden im Werk, der Rest ist erschöpfter Schlaf.

Fragt man Werksleitung oder Betriebsrat, erhält man die Antwort: »Davon ist nichts bekannt. Falls so etwas bekannt würde, würde es selbstverständlich von der Werksleitung unterbunden. Erst einmal müßten aber die nötigen Beweise erbracht werden!« Viele im Werk wissen davon, aber kaum einer hat den Mut, offen darüber zu sprechen, unter vier Augen schon eher.

Der Inhaber des Werkes, Dr. Plemperer, wurde einmal darauf und auf andere Mißstände angesprochen. Die lakonische Antwort: »Damit habe ich nichts zu tun; dafür habe ich meine Leute.«

Der Arbeiter von heute weiß, was eine Betriebsversammlung ist. Er weiß, daß sie laut Betriebsverfassungsgesetz vierteljährlich stattfinden muß. Fragt man einen Arbeiter von Plemperer, wann die letzte Betriebsversammlung abgehalten wurde, kann es einem passieren, daß man erstaunt angesehen wird: »Betriebsversammlung? Was ist das? Nie gehört!« Oder: »Du meinst wohl das Krippenspiel zu Weihnachten?« Man muß sich sehr genau umhören, um Näheres zu erfahren. »Betriebsappelle«, ob ich die meine, »die werden hier in der Regel ein- oder zweimal im Jahr durchgeführt, meist zum 1. Mai oder zu Weihnachten«, wird mir mehrfach gesagt. Endlich finde ich einen Arbeiter, der weiß, was gespielt wird. Er war früher, als er noch in einem anderen Werk arbeitete, in der Gewerkschaft. Nach zweimonatiger Plemperer-Betriebszugehörigkeit hielt er es für ratsamer, auszutreten. »Da ist der Alte dagegen. Wenn sich hier einer öffentlich zur Gewerkschaft bekennt, ist er für immer unten durch. Der Alte sagt: ›Ich dulde in meinem Betrieb keine Gewerkschaft. Wo ich sowieso den tarifmäßigen Lohn zahle.‹« So kommt es, daß keiner im Werk zugibt, wenn er »Metaller« ist. Man weiß nicht, ob überhaupt welche organisiert sind, und wenn ja, wie viele es sind. Es können zwei, aber auch fünfzig sein. (Es sind an die dreißig, wie ich später in der Ortsverwaltung erfahre.) Auch untereinander kennen sich die Organisierten nicht. Jeder zahlt heimlich seinen Beitrag. Einer mißtraut dem anderen.

Nachdem der ehemalige Gewerkschaftler sich einmal Luft gemacht hat, geht er auf meine Frage nach der Betriebsversammlung ein: »Doch, so etwas gibt's hier. Pro forma. Ein- oder auch zweimal im Jahr. Meist zum 1. Mai. Eine Art ›Anti-Mai-Kundgebung‹ vom Chef privat. Keiner weiß, was es eigentlich soll. Vom gesamten Betriebsrat ist nur unser guter alter F. bekannt, die rechte Hand vom Chef und Mitglied im Aufsichtsrat. Er verliest auch am Anfang schön brav seinen Rechenschaftsbericht, damit die ganz Schlauen nicht etwa auf den Gedanken kommen, daß es sich hierbei um etwas anderes als eine Betriebsversammlung handeln könnte. Er legt dann Rechenschaft davon ab, daß Weihnachtsfeiern stattgefunden haben, Kinder von Werksangehörigen beschert worden sind und in Ferien geschickt wurden. Bald schon reißt der Alte selbst das Wort an sich und läßt es sich bis zum Schluß nicht mehr nehmen. Er kommt immer mit denselben Schlagworten. Bedankt sich für die gute Zusammenarbeit, die eine erneute Produktionssteigerung mit sich brachte. Aber im gleichen Atemzug: ›Dem deutschen Arbeiter geht's viel zu gut. Wächst uns Unternehmern über den Kopf… Denken Sie an unsere armen hungernden Brüder und Schwestern in der Zone…‹ In einer halben Stunde ist der ganze Spuk vorbei. Wer Nachtschicht hat, kann nicht daran teilnehmen. Er hat aber auch bestimmt nichts verpaßt.«

»Unfälle sind unvermeidlich.« – »Die bringt der Akkord so mit sich.« Und: »Wo gehobelt wird, fallen auch Späne.« Jede Woche hängt ein neuer Aushang im Schaukasten. Die Werksleitung beklagt darin die genaue Anzahl der Arbeitsstunden, die ihr »durch Unfälle« verlorengingen«. Anhand der Unfallzahlen läßt es sich an fünf Fingern abzählen, daß man bei mehrjähriger Betriebszugehörigkeit bestimmt mindestens einmal anonym in der Statistik erscheint. Ob es sich jeweils um leichtere, mittlere oder schwere Unfälle handelt, gibt die Statistik nicht preis. Ausschlaggebend ist lediglich die Arbeitszeit, die der Werksleitung verlorengeht. Ich habe viele Arbeiter nach Unfällen gefragt. Bei den Akkordlern war keiner von einem Unfall verschont geblieben. Einer hat seit acht Jahren jedes Jahr seinen Unfall gehabt. »Ich kann noch so aufpassen, einmal im Jahr erwischt's mich. Daran ist allein der Akkord schuld. Es ist bei der Hetze zeitlich einfach nicht möglich, alle Sicherheitsvorschriften zu beachten.«

Ein anderer, noch jüngerer Arbeiter hat innerhalb eines Jahres zwei schwere Unfälle an der Richtmaschine gehabt. Das eine Mal hat ihm ein Rohr eine Sehne an der Hand zerschlagen, »durch den Schutzhandschuh durch«, er kann seitdem den Daumen der linken Hand nicht mehr bewegen. Vier Monate später, beim zweitenmal, rutschte ein Stapel Rohre ab und quetschte ihm ein Stück vom großen Zeh weg.

Überall im Werk sind Warnschilder angebracht. Sie scheinen mehr als Dekoration gedacht. Über dem Schleifstein zum Beispiel mahnt folgendes Schild. »Was trägst Du lieber, eine Schutzbrille oder später ein Glasauge?!« Die Schutzbrille ist zwar auf dem Schild neben dem Glasauge abgebildet, aber nirgends aufzutreiben. Der Meister, den ich danach frage, hat nur ein Achselzucken dafür übrig. Bei schweren Unfällen ist man aufgeschmissen. Es gibt zwar einen Verbandsraum mit einem älteren Sanitäter darin, aber Medikamente und Verbandszeug sind Mangelware. Und es steht kein Krankenwagen zur Verfügung. Man muß ihn aus der fünf Kilometer entfernten Stadt anfordern. Der schafft den Schwerverletzten dann in das 800 Meter entfernte Unfallkrankenhaus, das weder einen Kranken- noch einen Unfallwagen hat.

Bei den Akkordlern kursiert der Spruch: »Hauptsache, die Produktionszahlen stimmen, Sicherheit kommt erst an zweiter Stelle!« Und die Unfallzahlen bestätigen das. Eine ständige Gefahrenquelle sind die überladenen Karren. Immer wenn was passiert ist – und es passiert mit den Karren dauernd was –, hängt die Werksleitung einen Anschlag aus: »Die Karren dürfen nur bis zu einer bestimmten Höhe beladen werden.« Acht bis vierzehn Tage nach dem letzten Aushang hält man sich bereits nicht mehr an die Bestimmung, und die Werksleitung toleriert das stillschweigend bis zum nächsten Unfall. Der Akkordler belädt seinen Karren in doppelter Höhe, spart dadurch einen Gang ein, spart so kostbare Zeit, die für ihn Geld ist. (Geld für das Werk ohnehin, denn von jeder Mehrarbeitsleistung kommt dem Arbeiter nur ein Bruchteil zugute.) So kippen akrobatisch aufgetürmte Stapel von Rohren nach wie vor von den Karren herunter, krachen auf Schädeldecken, Schulterblätter und Rippen, zerschlagen Schienbeine und zerbrechen Zehen. Das muß hingenommen werden, das bringt der Akkord eben mit sich.

Ein tödlicher Unfall ereignete sich vor wenigen Jahren. Ein Eisengerüst, auf dem Berge von Rohren gestapelt lagen, hatte sich aus seiner Verankerung gelöst. Die Rohre kamen ins Rutschen, das Gerüst kippte um, und die Rohre begruben unter sich einen

Menschen, der zufällig daran zu arbeiten hatte. Die Angehörigen des Toten haben jahrelang gegen das Werk prozessiert, die Schuldfrage ließ sich nicht klären. »Höhere Gewalt, Berufs- und Künstlerpech!« Man hat das Eisengestell nach dem »tragischen Unfall« natürlich sofort sehr fest einzementiert. Und es ist Gras über die Sache gewachsen. Inzwischen hat sich die Verankerung erneut gelockert, und beim nächsten Rutsch können die Rohre wieder einen Menschen zerquetschen.

Auch Frauen arbeiten im Werk. Sie sind den Männern im Lohn bei weitem nicht gleichgestellt. Sie arbeiten alle im »Teamwork«. Eine jungverheiratete Frau erzählt mir, die Arbeit mache sie dermaßen fertig, daß sie nach der Arbeit zu Hause oft vor Erschöpfung heule. Ihr Mann bringt nicht das nötige Verständnis dafür auf, »er ist selber von seiner Arbeit genug durchgedreht«, und so leben sie in dauernden Spannungen und Reibereien.

Ein Großteil der Arbeiter besteht aus Pendlern. Sie werden täglich aus den entferntesten Dörfern mit Werksbussen zur Arbeitsstätte hin- und wieder zurückverfrachtet. Die in den abgelegenen Nestern wohnen, müssen bei Frühschicht nachts um 3.30 Uhr aus den Betten. Einige Busse sind überfüllt. Auf den Zweiersitzen hockt man dichtgedrängt zu dritt, und die später hinzusteigen, müssen im Gang stehen. Es gibt die gesetzliche Regelung, daß im Berufspendelverkehr jeder Anspruch auf einen Sitzplatz hat. Ein ehemaliger Polizist, der seit zwei Jahren Anschreiber bei den Plemperer-Werken ist, hielt es für seine Pflicht, den Busfahrer darauf aufmerksam zu machen. »Es kann bei plötzlichem Bremsen – die weite Strecke wird in hohem Tempo zurückgelegt – zu folgenschweren Unfällen kommen. Außerdem ist es für die Arbeiter eine Zumutung, bereits vom Stehen müde zur Arbeit zu gelangen.«

Diese Gründe brachte der ehemalige Polizist wiederholt vor, und als kein größerer Bus oder Zweitbus eingesetzt wurde, drohte er mit einer Anzeige. Der Busfahrer berief sich darauf, daß er im Auftrag der Plemperer-Werke fahre und man ihm für den Ausbau der Buslinie keine Geldmittel zur Verfügung stelle. Der Anschreiber erstattete Anzeige. Am nächsten Tag hatte er seine Kündigung in der Tasche. Das konnte er nicht begreifen, er hatte seine Arbeit immer gut gemacht und auch nie gefehlt. Ein Kündigungsgrund war auf dem Formular nicht vermerkt. Den wollte er doch wenigstens wissen. Vielleicht hatte das Werk ja inzwischen Arbeitskräfteüberschuß, er zählte ja nicht mehr zu den Jüngsten. Er ging mit dem Entlassungsschreiben zum Personalchef und fragte ihn nach dem Kündigungsgrund, der mußte es ja schließlich wissen, denn das Schreiben trug seine Unterschrift. Der Personalchef schaute ihn nur sehr ernst an und sagte: »Den Grund können Sie sich selbst ausdenken.« Da ging dem Mann, der zwei Jahre Anschreiber bei Plemperer gewesen war, ein Licht auf, und er sagte, doch, jetzt verstehe er alles.

Am Rande sei noch vermerkt, daß auch der Betriebsratsvorsitzende F. diese Kündigung mit seiner Unterschrift versehen hatte. Um so erstaunlicher und sehr bezeichnend für F.s unermüdliches Pflichtbewußtsein ist die Tatsache, daß er in der betreffenden Woche krank zu Hause lag.

Diese Willkürmaßnahme steht nicht vereinzelt da. Drei Arbeiter an der großen Richtmaschine wurden auf ähnliche Weise »gegangen«, nur weil Obermeister K. sich Sporen verdienen wollte. Obermeister K. zerbrach sich seinen Kopf, wo man die Produktion noch steigern könnte. Er muß lange überlegt haben, bis sein Blick auf die Richtmaschine fiel. Die drei dort wirbelten mit den Armen nicht so in der Luft herum wie die an den anderen Maschinen, hier mochten noch unerschöpfte Reserven liegen. Er wurde mit seiner »Entdeckung« bei der Werksleitung vorstellig und legte einen Produktionssteigerungsantrag vor, den man ohne weiteres genehmigte. Die Maschine sollte von nun an zwei Gänge schneller laufen. Die drei Männer protestierten geschlossen: Sie müßten ihre Maschine besser kennen und im Akkord schon das Höchstmögliche aus ihr herausholen. Im dritten Gang würde einmal das Material beschädigt, zum anderen steigerten sich die Unfallgefahren erheblich.

Obermeister K. blieb fest. (Sein üblicher Ausspruch: »Wenn ich schwarz sage, und es ist weiß, dann ist es schwarz, sag ich!«) Er stellte den dreien anheim, entweder im dritten Gang zu arbeiten oder die Konsequenzen zu ziehen und zu gehen. Die drei zogen die Konsequenzen und gingen geschlossen. Obermeister K. erhielt von der Werksleitung eine Belobigung. Er brüstete sich später damit, daß er dank seines rigorosen Durchgreifens eine Betriebssabotage verhindert habe. Für kurze Zeit arbeitete nun an der Richtmaschine ein neues Team im dritten Gang. Nicht allzulange. Die Ausschußquote war enorm hoch, und die Maschine blockierte häufig, was lange Wartezeiten mit sich brachte. Inzwischen läuft die Richtmaschine wieder im ersten Gang – von der Werksleitung befohlen –, Obermeister K. verliert kein Wort mehr darüber.

Ich stehe an der Maschine. Vor mir die Wand. Mein linker Arm dreht an dem Rad, der Stahl frißt sich ins Rohr, meine rechte Hand packt zu und legt das geschnittene Rohr auf den Stapel. Meine beiden Hände arbeiten losgelöst von mir, sie werden kaum müde dabei, müde wird mein Kopf. Rot- und blauglühende Eisenspäne rollen sich vom Rohr ab und springen auf meine Hände. Ich sehe zu dabei. Der Schmerz geht nicht bis zum Kopf, und der Reflex bleibt aus. Bei der nächsten Bewegung fällt der Span, erkaltet, wieder ab. Auf den Händen wachsen Blasen.

Um mich herum der tosende Lärm der klatschenden Rohre. »Ab 60 Phon treten Nervenschädigungen auf«, habe ich mal gelesen; so stark oder schwach sind die Geräusche in einem Büroraum mit 50 Personen... Lautstärken von mehr als 120 Phon« – die gibt's hier beim Aufprall der Rohrstapel – »lösen im Ohr keine reinen Hörempfindungen aus, sondern sie erzeugen Schmerzgefühle«, hieß es da noch. Am Anfang war es auch so. Der Lärm tat weh. Jetzt betäubt er mich.

Über der Fabrikhalle das wohltuende Gebrumm eines Flugzeugs. Es setzt zum Landen an. Das ist Unternehmer Plemperer. Er legt die Strecke von seinem Wohnort zum Werk jeweils im Privatflugzeug zurück. Wenn der Arbeitgeberverband seine Tagung hat, erscheint er im Flugzeug.

Ich habe noch tägliche Kündigungsfrist. Trotzdem sage ich schon drei Tage früher Bescheid, ich hätte vor aufzuhören. Ich halte es für korrekter, damit man eventuell noch Gelegenheit hat, einen Neuen einzustellen, den ich anlernen kann. Man ist sehr erbost über meine plötzliche Kündigung. Hier ist man gewohnt, daß der

Arbeitgeber die Kündigung ausspricht, und nicht umgekehrt. Man kommt mir zuvor. Am gleichen Tag noch muß ich meine Sachen packen. Ich versuche einzuwenden, »wenn ich nun auf das Geld von den drei Tagen angewiesen bin? Es war ein Entgegenkommen von mir, daß ich Sie vor dem gesetzlichen Kündigungstermin von meinem Fortgehen in Kenntnis setzte. Zum Dank dieser Rausschmiß.« Man bleibt hart. »Sie gehen heute noch!« Ich erkundige mich im Lohnbüro, ob ich Urlaubsanspruch habe. Man verneint.

Am nächsten Morgen besorge ich mir in der Verwaltungsstelle der IG Metall den Text des amtlichen Tarifvertrages und lege den Passus dem Personalchef vor. »Hiernach habe ich Anspruch auf einen Tag bezahlten Urlaub.« Der Personalchef ist zuerst sehr unwirsch. Dann blättert er in dem Tarifvertrag herum und entdeckt den Stempel der IG Metall-Verwaltungsstelle. Und sofort ändert sich sein Verhalten. »Aber selbstverständlich steht Ihnen der Urlaub zu. Wir gewähren in Härtefällen sogar den Urlaub, wenn er nach dem Gesetz nicht zusteht. Es muß sich da um ein Versehen meines Angestellten handeln. Kann ich mir eigentlich aber auch nicht denken, der weiß doch genauestens Bescheid, vielleicht haben Sie sich verhört! Muß wohl so sein.«

»Sinter zwo« – im Stahlwerk
Thyssen, Duisburg-Hamborn

Eine Stadt aus Rauch und Ruß, und der graue Belag auf den Backsteinfassaden ist wirklicher als die Steine darunter. Die Äste der Bäume sind kahl und nebelhaft weiß, als wären sie mit Milben bedeckt. Farblos sind die Gesichter der Menschen.
Hier gibt es keinen richtigen Himmel, nur nachts das rötliche Zucken der Wolken.
Die Fabrik ist größer als die Stadt. Ein unersättlicher Polyp, der mit seinen Fangarmen in alle Straßen greift und sich zwischen Wohnblocks und Geschäftshäuser drängt.
Die Ankunft in einem düsteren Land.
Die Fabrikanlage, in der ich mich melden soll, besteht aus kilometerlangen fensterlosen Gebäuden, kastenförmig ohne Lücke aneinandergekoppelt und ineinander verschachtelt, mehrfach überragt von Schornsteinen, die wie stumme Wächter darüberstehen. Keine Fabrik, wie sie mir von früher her bekannt ist, keine hin und her laufenden Arbeiter, keine Höfe und Innenflächen, überhaupt keine Menschen. Nicht der übliche Arbeitslärm, wie er durch Menschenhand entsteht. Die Fabrik liegt gleichmütig summend da. Es klingt, als verschmelze die Arbeit dort drinnen zu einem einzigen gleichartigen Vorgang, der eigentlich kein Lärm ist, sondern eher ein Keuchen, ein lautes Stöhnen.
Ferngesteuert werden auf Gleisanlagen Waggons bewegt. Staubmassen ergießen sich hinein, dann ruckt die Reihe ein Stück weiter. Keine Lokomotive ist zu sehen, seitlich neben den Schienen laufen Drähte. »Tor 22« ist auf meinem Passierschein vermerkt, und als ich durchgehen will, verstellt mir ein Pförtner den Weg, prüft schweigend meinen Schein und weist mit dem linken Arm die Richtung. Der rechte Ärmel seiner schwarzen Werksuniform baumelt leer herunter.

»Sinteranlage II, Büro A« steht an der Stahltür, ich klopfe an, es meldet sich niemand, ich klopfe noch einmal, und als alles ruhig bleibt, trete ich ein. »Nicht unaufgefordert eintreten!« steht auf einem handgeschriebenen Zettel an einer zweiten Tür, dicke Buchstaben, verspielt und säuberlich ausgemalt. »Wer ist denn da!« ruft jemand unwirsch.

Ich trete ein und halte meinen Zettel hin. Der Mann hinter dem Schreibtisch übersieht ihn und weist mit einer stummen Handbewegung auf den zweiten Stuhl im Raum. »Die schicken mir unaufgefordert neue Leute, und ich kann sehen, wo ich sie hintue. Eigentlich sind wir im Moment auf allen vier Schichten übersetzt«, begrüßt er mich. »Wohin mit Ihnen nun? Die Anlage kommt jetzt schon mit zwölf Männern pro Schicht aus, und Sie wären der sechzehnte. Schon beim Werksarzt gewesen? Nun, da müssen Sie vorher hin, hier müssen Sie kerngesund sein. Etwa bisher im Pütt* gewesen? Nicht? Das ist gut, die haben oft schon in Ihrem Alter was abbekommen. Kommen Sie wieder, wenn Sie beim Werksarzt waren, dann wollen wir mal sehen.«

Beim Werksarzt liest eine Sprechstundenhilfe in weißem Kittel mechanisch einen Katalog Krankheiten herunter. Nach den ersten höre ich schon nicht mehr hin und beeile mich, mit meinem jeweiligen Nein mitzuhalten. Anschließend muß ich unterschreiben. Der Werksarzt läßt mich in eine Art Sektglas urinieren, fühlt meinen Puls und horcht eingehend meine Lunge ab, und während er mit mir spricht, macht er sich an einem Karteiblatt zu schaffen. »Sie müssen jetzt viel Obst und Traubenzucker essen und regelmäßig Milch trinken – ›zusätzliche Vitamine‹ – sag ich immer zu unseren Sinterstaubschluckern«, wendet er sich an mein Karteiblatt, »dann werde ich Sie auch so schnell hier nicht wiedersehen, hoffe ich. – Sagen Sie draußen, der nächste soll hereinkommen«, entläßt er mich, »und bleiben Sie sitzen, bis man Sie aufruft.«

* Bergwerk

Man hat mich für »uneingeschränkt verwendungsfähig« befunden, und der Betriebsleiter in Sinter II, darüber gar nicht so sehr erfreut, sagt, ich solle dann eben morgen mal zur Frühschicht erscheinen und mich bei Meister Z. melden, der werde schon irgendwas für mich haben.

Als ich sage: »Ich möchte meinen Arbeitsplatz ganz gerne mal sehen«, lächelt er nachsichtig: »Junger Mann, Sie haben noch Vorstellungen, Arbeitsplatz, wenn ich das höre, die Anlage arbeitet kontinuierlich; automatisch werden Erze gesiebt, gebrochen, und dann nachgeschaltet 'ne große Sinteranlage, da sind Sie überall und nirgends, werden das schon spitzkriegen, wie ich das meine, da gibt's nichts zu zeigen. Und noch eins: Disziplin und Pünktlichkeit sind hier oberstes Gebot. Wenn Sie das zu Ihrem Grundsatz machen, haben wir lange Freude aneinander.«

Ähnlich hatte man es mir vor zwei Tagen schon einmal gesagt, auf der Anmeldestelle des Bewerbungsbüros für Arbeiter: »Du warst doch sicher schon Soldat und weißt daher, wie wichtig Disziplin und Gehorsam sind. Beide sind auch in einer Fabrik von ausschlaggebender Bedeutung. Wir sind da sehr konsequent, wenn das nicht klappt, bist du sehr schnell wieder draußen! Die goldenen Zeiten für euch sind langsam vorbei, Gott sei Dank! Wir sind nicht mehr angewiesen auf euch, seit hier überall automatisiert wird. Allein heute habe ich einen Überführungstransport von dreißig Türken abgelehnt, Gastarbeiter sind bei uns schon passé. Und ihr sollt wieder merken, wer der Herr im Hause ist.«

Das geht mir in der Nacht vor meiner ersten Schicht durch den Kopf. Ich habe Angst, daß die Fabrik Ähnlichkeit mit dem Kommiß haben könnte. Ich wache mehrmals auf in der Nacht. Die Erzzüge rattern in endloser Kolonne durch die Nacht, durch mein Zimmer, durch meinen Kopf, und die Schreie der Loks wühlen sich tief in meinen Schlaf.

4.50 Uhr schrillt der Wecker. Noch taumelig, stehe ich auf. Auf dem Kopfkissen und auf der Fensterbank entdecke ich kleine schwarze Rußkörner. Das Fenster war während der Nacht auf. Einen bitteren Geschmack habe ich im Mund, und die Zahnpasta spült ihn nicht weg. Er sitzt tiefer. Mein täglich Brot wird von nun an diesen Geschmack haben. Das Brot, das die Arbeiter dieser Stadt Tag für Tag zu essen bekommen.

Ich klatsche mir den Waschlappen mit kaltem Wasser ins Gesicht und werde nicht wach davon; noch benommen vom Schlaf mache ich mich auf den Weg zur Frühschicht.

5.30 Uhr, ein gespenstischer Zug bewegt sich durch die Straßen der Stadt. Milchige und gelbliche Lichter von Autos durchdringen kaum die graue, trübe, nieselnde Brühe. Ketten von Fahrrädern, schwankend, gekrümmte Gestalten, die sich gegen den böigen Wind anstemmen, und Fußgänger mit hochgeschlagenen Kragen, die Hände in den Hosen- oder Jackentaschen vergraben, unter dem Arm die verschossene Aktentasche geklemmt oder auch nur eine Tüte mit Broten. Alte Männer, abgehärmt, mit seltsam schnellen Schritten schlurfend wie aufgedreht, deren letzte Schicht nicht mehr fern ist. Und junge, mit weit ausholenden Schritten, dazwischen ein kurzes Stück im Lauf, die Schultern hochgezogen, die Gesichter oft schon zeitlos alt. Über der Straße ein Licht, das die Blätter der Hecken blau, die Gesichter der Menschen schwärzlich färbt und ihre Lippen violett – Negative eines schlecht belichteten Farbfilms.

In der Fabrik gibt es keinen Morgen, keinen Mittag und keinen Abend. Hier ist immer Nacht. Eine Nacht, auf die kein Tag folgt, neonerhellt.

In den Ziegelsteinmauern fehlen die Fenster. Gitterförmige Luftlöcher sind an einigen Stellen eingelassen. Dahinter schimmert ein Stück Himmel, wenn es draußen hell ist, und es glitzert und flimmert, wenn die Sonne dahintersteht.

Das ist der pulvrige Metallstaub – Sinter genannt –, der hier überall ist. Er wabert unter jedem Schritt, klebt auf der Haut, dringt in Nasenlöcher und Augen ein.

In der Staubschicht auf dem Boden verlaufen Fußstapfen. Da steht mit ungelenker Schrift in den Staub gekritzelt: »Alles Scheiße«. Darüber, auf dem Staubbelag eines Stahlträgers, hat jemand eine pornographische Darstellung versucht. Keine Rundungen, sondern kantige Formen.

Klobige eiserne Telefone hängen an den Wänden. In den langen

Gängen haben die Treppen überdimensionale Stufen, wie für Riesen erbaut. Reptilienhaft langsam bewegen sich Schwenk-arme an den Kesseln über dem Förderband. Hin und wieder öffnet sich eine Klappe, und ein orkanartiges Tosen füllt die Halle. Das ist »Rü II«, die Fabrikhalle, die ab heute mein Revier ist. Der Meister hat mir Besen und Schaufel in die Hand gegeben und gesagt: »Alles in kleine Häufchen fegen, dann in die Schub-karre schaufeln und raus in den Kübel fahren. Zügig, zügig alles. Wenn ich meinen Rundgang mache, will ich sehen, es ist Bewe-gung drin!«

Ich schwinge den Besen, von dichten Staubwolken umhüllt. An-fangs versuche ich, den aufgewirbelten Staubmassen zu entkom-men, ich halte die Luft an und springe schnell zur Seite, wo noch kein Staub ist, hole tief Atem und fege schnell weiter, solange die Luft reicht, um dann wieder fortzuspringen. Aber so komme ich außer Atem. Es nützt nichts. Der Staub will geschluckt sein. Ihm entkommt hier keiner.

Auf der Haut bildet sich eine schmierige Kruste. Wenn ich aus-spucke, erschrecke ich: Mein Auswurf ist schwarz. Nach der Schicht, unter der Dusche, schrubbt man sich die Haut fast von den Knochen, um die Poren sauber zu bekommen. Es nützt nicht viel, der Sinterarbeiter ist von seiner Arbeit gezeichnet; immer bleiben verräterische Spuren zurück. In den Augenbrauen, am Haaransatz, hinter den Ohren oder in den Nasenlöchern hat der Sinter sich festgefressen. Die Haare werden stumpf und strähnig, und die Haut wird mit der Zeit ausgelaugt, wird grau wie die Farbe des Sinters.

Wie viele wir auf der Schicht sind, weiß keiner.

»Das wechselt hier oft«, sagt einer, den meine Frage überrascht. »Mehr als ein Dutzend werden es kaum sein, ich persönlich kenne den Meister Z., den H., den P. und das Holzbein – der hat in Wirklichkeit kein Holzbein, der geht nur so, war früher im Pütt, hat unterm Bruch gelegen mit dem Bein, darum geht er so, und darum hat er seinen Spitznamen weg. Ja, dann kenne ich noch zwei andere, das heißt, sie selbst kenne ich nicht, aber ihre Stimmen, die kenn ich, von der Sprechanlage her. Ich glaube, der eine heißt S., und der andere brüllt immer so, daß ich ihn meist beim zweitenmal erst verstehe. Ja, das ist komisch, richtige Kumpels wie früher haste hier nicht. Das liegt an der verfluchten Anlage. Wenn du da alle Gänge durchgehen willst, brauchst du fast 'nen Tag. Ich hab mich mal richtig verlaufen; wenn es stark staubt, siehst du die Markierungen nicht mehr; ich habe schließlich eine Sprechanlage gefunden, und von dort hat man mir über den Zentralsteuerstand den Weg gewiesen. Da habe ich erst gemerkt, wie winzig wir doch neben der verdammten Anlage sind. Und das schönste ist: Die Anlage kommt bald ohne uns aus! Der Meister hat mal gesagt, sie könnten bereits jetzt mit der halben Mannschaft zurechtkommen, und wenn die Anlage erst richtig klappte, könnten wir alle gehen. Als ich den Betriebsingenieur wegen einer Staubzulage anging, hat er geantwortet, die Anlage wäre als garantiert staubfrei errichtet worden, und als ich das nicht kapierte – der Staub ist ja oft so dicht, daß du die Hand vor den Augen nicht sehen kannst – und nur den Kopf schüttelte, hat er gesagt, das könne ich von meiner Warte aus nicht beurteilen, es wären im übrigen auch Verbesserungen im Gange, aber da solle ich nur ja nicht drauf hoffen, denn dann würde ich ganz überflüssig. Ein Jahr, sieben Monate genau, soll meinetwegen noch alles so laufen, wie es läuft, dann hab ich's geschafft, dann krieg ich meine Rente.«

Sogar der Meister scheint nicht zu wissen, wieviel wir auf der Schicht sind. Er schlägt in seiner Sinterwarte das Buch auf und stellt fest: »16«, nachdem zuvor einer auf »11« getippt hat. Aber da fällt einem ein, daß zwei bereits vor drei oder vier Wochen gegangen sind. Der Meister glaubt sich zu erinnern und streicht sie aus dem Schichtbuch aus.
Wie die einzelnen Arbeiter innerhalb der Anlage verteilt sind, merke ich erst im Laufe der Zeit.
Von Anfang an ist mir ein sich immer wieder bewegender Punkt auf dem Dach neben dem Kühler aufgefallen. Wenn ich meine Staubfuhre ins Freie schiebe, entdecke ich auf dem einige hundert Meter entfernten Dach die Veränderung des Punktes, der sich deutlich von der riesigen geraden Fläche abhebt. Ich nehme den Punkt hin wie alles Fremdartige an der Anlage, selten sehe

ich ihn in Bewegung, immer sehr ruhig und gleichmäßig. Nur einmal lief der Punkt hastig am Rand des rotierenden, etwa 30 Meter langen Kühlers hin und her. Seltsamerweise blieb der Kühler, der sich sonst unentwegt um sich selbst dreht, plötzlich stehen. Und der Punkt verschwand aus meinem Blickfeld.

Ich nahm an, daß es sich hier um eine auf Schienen laufende Transportlore handele, obwohl ich mir das auch wieder nicht erklären konnte, da der Rhythmus zu unregelmäßig war im Gegensatz zu den Bewegungen sonst in der Anlage, die gleichförmig verlaufen, wenn auch nicht unbedingt in gleichen Abständen, so doch zusammenhängend und aufeinanderfolgend.

Ich wundere mich sehr, als sich der Punkt einmal entgegen seiner sonstigen Gewohnheit nicht am Rande des Kühlers entlang bewegt, sondern auf den Rand des vorderen Daches zu. Ich laufe ihm entgegen, in gebührendem Abstand, um zu sehen, ob die Lore vielleicht aus den Gleisen geraten ist und nun abstürzen wird.

Aber nichts geschieht. Bis ein Stein vor mir aufschlägt, an dem mit Draht ein Zettel befestigt ist. Auf dem Papier steht: »Komm mal hier nach oben und trink einen Schluck aus der Pulle. Hinter Rü II geht die Leiter hoch.«

So lerne ich H. kennen. Wie ein Leuchtturmwärter hält er hoch oben seine Wache. Er muß aufpassen, daß der Kühler nicht überläuft. Meist braucht er nur alle paar Tage einmal einzugreifen, dann muß er die Stahlleiter hinunterklettern und über die Sprechanlage den Zentralsteuerstand informieren. Die wissen meist schon Bescheid. Ein Kontrollämpchen sagt es ihnen. H. ist nur als zweite Sicherung eingeplant. Er darf seinen Posten auf dem Dach nicht verlassen, darf auch nicht lesen und keinen Alkohol trinken.

Aber heute hält er sich nicht an die Vorschrift. »Ich hab Geburtstag, prost!« und gibt mir eine Flasche Bier, die er in der Aktentasche heraufgeschmuggelt hat. »Nett, daß du mich besuchst. Wenigstens an meinem Geburtstag will ich nicht allein sein. Hier oben seh ich tagelang keinen Kumpel, mit dem ich ein Wort sprechen könnte. Dich habe ich ausgemacht, wenn du deine Karre in den Kübel schmeißt. Dann gibt's immer eine Staubwolke. Einen

Feldstecher müßte man haben. Das könnte ganz interessant sein. Meister Z., dieser Wurm, kontrolliert mich von unten schon mal mit dem Feldstecher, ob ich auch nicht lese oder mich verkrümele. Ich kann ja nicht immer auf den Kühler starren. Der dreht sich und dreht sich, und dann dreht's sich noch in meinem Kopp, wenn ich ständig draufglotze.« H. ist froh, wenn es nicht regnet und nicht zu kalt ist. Dann hockt er sich auf ein Brett, das er über seine Aktentasche gelegt hat, läßt sich von der Sonne bescheinen und ist zufrieden. Wenn es aber kalt ist, ist er in dauernder Bewegung, läuft oft nah an den Rand des Kühlers, wo glühende Sinterklumpen Hitze ausstrahlen. Schlecht ist, wenn Wind weht. Der bläst ihm die heißen Staubkörner ins Gesicht.

H. blinzelt dauernd und wischt sich mit seinem schmierigen Jackenärmel über die tränenden Augen. In seinem schwarzen Gesicht treten hellere Stellen hervor. Zahllose Falten zerfurchen wie weiße senkrechte Linien sein Gesicht. Sein Alter läßt sich nicht schätzen. Es könnte zwischen 55 und annähernd 70 liegen.

Als H. mir zuprostet und sagt: »Stoßen wir noch mal auf meinen vierundvierzigsten an«, erschrecke ich. Das muß er gemerkt haben, denn er fügt hinzu: »Das hättest du nicht gedacht, was? Das denkt keiner. Man schätzt mich allgemein ein paar Jahre älter ein. Neulich in der Straßenbahn stand doch tatsächlich so ein junger Witzbold vor mir auf und sagte: ›Setz dich, Opa.‹ Da hab ich aber doch lachen müssen.«

Ich sage: »Du bist so schwarz, als ob du frisch aus dem Pütt kämst und die ganze Schicht geschuftet hättest. Dabei ruhst du dich hier den ganzen Tag aus.« Das hätte ich besser nicht sagen sollen, denn auf das Stichwort Pütt braust H. auf: »Hör mir nur ja auf mit dem Pütt. Ich war 20 Jahre unter Tage. Weißt du, was das heißt? Dreimal habe ich unterm Bruch gelegen. Einmal hat man mich erst nach 22 Stunden rausgebuddelt. Ich dachte, ich hätte dran glauben müssen. Neben mir den Kumpel hat es erwischt. Ich brüllte immer nach ihm, und er gab keine Antwort, konnte er auch nicht, denn er war tot. Hier, das Stück vom Daumen ist auch im Pütt futsch, und mein Schienbein war zweimal gebrochen. Beim zweitenmal brach anschließend die schönste Zeit meines

Lebens an, da ließen sie mich neun Wochen krankfeiern. Man war so großzügig, weil man den Unfall hätte melden müssen. Das wäre die Zeche dann hundertmal teurer gekommen als mein Krankfeiern. Ebenso war's bei schweren Unfällen unter Tage. Da kam's drauf an, den Schwerverletzten so schnell wie möglich über Tage zu schaffen, ob transportfähig oder sein Kopf am letzten Zipfel hing, spielte dabei keine Rolle. Sein Leben mußte er über Tage aushauchen. Denn jeder Tote unter Tage kostet die Zeche jedesmal eine Masse Geld an den Berufsverband. – Nee, mir kann keiner mehr was vormachen. – Als die Zeche vor zwei Jahren stillgelegt wurde, meldete ich mich beim Grubenarzt, um mir meine Staublunge bescheinigen zu lassen und Staublungenrente zu kriegen. 10 Prozent, sagte der Doktor, das kriegen wir schon wieder hin, und verschrieb Spülungen.«

Nachher bewarb er sich bei drei verschiedenen Firmen, keine nahm ihn. »70 Prozent Staublunge, hieß es da. Sie sind nicht arbeitsfähig und müssen sich frühinvalid schreiben lassen. Bis ich dann hier auf der Hütte mein Glück versuchte, und stell dir vor, der Doktor war Leutnant in Stalingrad gewesen, wo ich auch war. Als er sagte, er könne mich nicht nehmen, hab ich ihm gesagt, daß wir uns kennen. Da hat er sich gefreut und gesagt: ›Kerl, warum sagst du das nicht gleich, wir sind doch alte Kameraden!‹ und schrieb 10 Prozent auf meine Karteikarte, das ist die zulässige Grenze. Nachher hat er sich noch eine Zeitlang mit mir über Stalingrad unterhalten.«

Das tut H. jetzt auch. Aber er spricht nicht vom Dreck, von der Kälte und den Toten, er erzählt von etwas Angenehmem aus ferner Vergangenheit: »Das waren noch Zeiten, dauernd auf Reisen! Wann bin ich später noch mal ins Ausland gekommen?« Und: »Der deutsche Soldat kämpfte unerbittlich.«

Als ich fragte: »Hast du das andere alles vergessen?« begreift H. zuerst nicht, meint dann: »Doch, es war schrecklich, aber der Pütt war noch schlimmer. Mensch, daß ich das all die Jahre mitgemacht habe – es war die Hölle. Das geht mir jetzt erst so richtig auf, wo ich hier bin. Zwanzig Jahre bei lebendigem Leib begraben! Dann ist das hier die Erlösung. Wenn ich geahnt hätte, daß es so eine Arbeit für mich gibt, hätte ich längst meine Sachen gepackt. Jetzt ist es zu spät. Mit so 'ner Silikose wirst du nicht alt.«

Dann sagt H. noch: »Wenn man mich heute zwingen wollte, wieder in den Pütt gehen, würde ich mich vorher aufhängen.«

H.s Arbeit hier, wenn man überhaupt von Arbeit sprechen kann, ist in Wirklichkeit nicht so rosig, wie er es darstellt. Ein Stuhl mit Lehne auf dem Dach wäre für ihn ein Geschenk des Himmels. Er kauert mit krummem Rücken auf seinem Brett und muß alle paar Minuten aufstehen, sonst würde er bald lahm.

»Im Winter, als es so eisig kalt war«, erzählt H., »habe ich mir im Gelände Bretter zusammengesucht und einen Verschlag als Wind- und Schneeschutz gebaut. Schließlich auch noch einen kleinen eisernen Ofen organisiert und den ordentlich geheizt mit Koksbrocken, die ich von den Halden am Hafen herschaffte. Der Meister hat zuerst ein Auge zugedrückt. Bis eine Woche später der Hüttendirektor seinen Besuch ankündigte. Als ich an dem Morgen zur Frühschicht erschien, war meine Hütte abgerissen und mein Öfchen auch nicht mehr da. Der Meister sagte mir, das ginge einfach nicht, wie das denn aussähe, eine der modernsten Anlagen Europas und dann dieser vorsintflutliche Bretterverhau. Dann hab ich mich eben anders gegen die Kälte zu schützen versucht. Reinen Korn in meine Thermosflasche mit Tee geschüttet. Halb und halb. Das heizte auch. Aber meine Frostbeulen an den Zehen hat es nicht verhindert. Mensch, wenn ich an den nächsten Winter denke! Da denke ich besser nicht dran.«

Mit der Zeit lerne ich noch andere von meiner Schicht kennen. Aber nur sehr flüchtig und oberflächlich. Rü II, mein Abschnitt in Sinter II, ist mir bald vertrauter als die paar Kumpels, die wie zufällig in der Anlage verstreut sind. Richtigen Kontakt habe ich bisher nur mit H. bekommen. Das liegt daran, daß H. im Pütt war und auch sonst viel hinter sich hat. Die Jüngeren haben nicht viel zu erzählen, sind an die Einsamkeit gewöhnt, mürrisch und wortkarg geworden.

Wenn schon mal welche zusammenkommen, um Hefte auszutauschen (Krimis und Western oder auch Mickey Mouse und andere Comics), dann werden Witze erzählt. (Das Lesen ist offiziell zwar verboten, aber heimlich tun es doch die meisten, besonders die Jüngeren; die Älteren sind mit den Jahren vorsichtiger geworden und befolgen die Vorschriften peinlich genau, aus Angst, ihre Stelle zu verlieren.)

Gespräche kommen selten zustande und wenn, drehen sie sich um nichtssagende Dinge, enden mit dem üblichen Witz, einer boshaften Bemerkung oder mit einem Ausbruch von Ärger oder Wut.

Vielleicht, daß es an den brüllenden Maschinen liegt. Es ist, als arbeite die ganze Fabrik wie ein einziger Motor. Keiner kann sich diesem Rhythmus entziehen. Jeder Widerstand ist zwecklos, der Fabriklärm reißt einen mit sich fort.

Zufällig lerne ich den Mann von der Mischtrommel kennen. Er hat mich über eine Stunde heimlich beobachtet, ehe er mich anspricht. In seinem Revier sind Staubmassen vom Transportband 7 übergelaufen, die ich mit der Schubkarre nach draußen in den Kübel schaffen muß. Zwei Tage Arbeit, überschlage ich, der Meister hat verlangt, daß ich es in einem Tag schaffen soll, das bedeutet zwei Tage Zeit, denn es ist bekannt, daß der Meister die Hälfte der benötigten Zeit veranschlagt und sich dann schließlich doch zufriedengibt, wenn man in der doppelten Zeit fertig wird.

Diese Arbeit macht direkt Spaß. Obwohl der matschige Sinter schwer wie Blei ist und die Schubkarre stark an den Armen reißt und auf dem schwankenden Brett zum Kübel immer wieder umkippt. Es macht Spaß zu sehen, wie die Matschberge nach und nach weniger werden. Das ist bei dem irrsinnigen Fegen anders. Reine Beschäftigungstherapie, hat H. es genannt. In den weitläufigen Hallen, die wochenlang kein Mensch betritt, dünnsten Staubbelag aufwirbeln. Der Staub ist so fein, daß die Hälfte immer wieder wegfliegt und sich nach einigen Stunden erneut auf den Boden legt. Es lohnt nicht, die Arbeit ist so sinnlos, als ob man Flure und Treppenhäuser mit der Zahnbürste reinigen würde. Alle paar Monate einmal mit der Schaufel rangehen, das hätte einen Sinn. Aber der Meister sieht es eben nicht gern, wenn man herumsteht, und darum ist ihm jede Arbeit recht, »Hauptsache, es ist Bewegung drin«.

Jedenfalls, heute und morgen wird das anders sein. Ich teile mir meine Arbeit selbst ein, mache meine Pausen, wann ich es für richtig halte. Hauptsache, der Dreck ist nach zwei Tagen weg. Es ist seltsam, die ganze Zeit schon fühle ich mich beobachtet. Dasselbe Gefühl, wenn man eine Straße entlanggeht, wie unter einem Zwang sich plötzlich umdreht und dann einen Bekannten entdeckt, der die ganze Zeit hinter einem hergegangen ist. Der Meister, den ich in der Nähe vermute, kommt aber nicht zum Vorschein. Aber er ist da. Vorgestern noch stand er eine halbe Stunde unbeweglich am Fenster vom Umlenkturm IV und blickte auf mich herab, wie ich den Staub unter dem Band hervorkratzte. Als ich ihn sah, tat ich, als hätte ich ihn nicht bemerkt, meine Arbeit wurde unwillkürlich schneller. Ich wehrte mich dagegen, konnte aber nicht verhindern, daß ich mir keine Pause gönnte. Als er vom Fenster verschwunden war, setzte ich mich erst mal hin und machte Frühstückspause. Gerade in der Zeit kam er dann vorbei und machte eine seiner Bemerkungen, die er immer von sich gibt, wenn er einen nicht arbeiten sieht. »Du machst auch mehr Pause, als du arbeitest; jedesmal, wenn ich vorbeikomme, sitzt oder stehst du herum. Denk an L., von dem wirst du sicher gehört haben. Wir haben ihm seine Papiere gegeben, weil er so oft Pause gemacht hat.«
Aber heute kann ich mich so oft umdrehen, wie ich will. Meister Z. liegt nicht auf der Lauer. Die Mischtrommel dreht sich unentwegt und macht einen Lärm, der das Trommelfell erzittern läßt. Vor der Mischtrommel steht eine primitiv zusammengezimmerte Bretterwand. Plötzlich ertönt im Raum eine mechanisch verzerrte Stimme: »Mischtrommel bitte melden, bitte melden.« Ein Brett vor der Mischtrommel löst sich, und heraus tritt ein Arbeiter, geht zu der Sprechanlage neben dem Feuermelder, drückt den Knopf und spricht hinein: »Hier Mischtrommel, was ist? – »Mehr Wasser«, erfolgt die Anweisung. »Wird gemacht«, sagt der Mann von der Mischtrommel, rennt zu einer kleinen Schalttafel und betätigt einen Knopf. Zwei Brummtöne erfolgen, die Mischtrommel bleibt einen Moment stehen und setzt sich mit einem erneuten, kräftigeren Brummton wieder in Bewegung.

Der Mann von der Mischtrommel kommt auf mich zu und begrüßt mich. »Über eine Stunde hab ich dir bei der Arbeit zugeguckt. Du legst ein Tempo vor, daß mir übel wird. Nix zu lesen bei dir? Dann zieh wieder Leine. Nix los hier, wirst du schon gemerkt haben. Biste neu? Siehste, merkt man. Mußt sehen, daß du auch so 'nen Job kriegst. Hab mich hier zur Ruhe gesetzt. Das ist nix, was du machst. Wirst du ständig bei kontrolliert. Ich hab mein Guckloch und passe auf. Bis jetzt bin ich noch nicht beim Lesen geschnappt worden. Dann ist es nämlich aus mit dem Lenz, und ich muß wieder ran zum Fegen.«

Der Mann von der Mischtrommel mag etwa 23 sein. Er war zwei Jahre im Pütt, und als seine Zeche stillgelegt wurde, hat er sich hier beworben. »Da kriegt mich keiner mehr hin zurück.« Aber hier hält es ihn auch nicht. »Alt werd ich bestimmt nicht hier. Immer aufpassen, wenn der Alte kommt, das hältst du nicht lange aus. Ein paar Zeilen und dann wieder ein Blick durch die Ritze. Und wenn du mal döst oder bei der Nachtschicht einpennst, steht er plötzlich vor dir und raunzt dich an. Ich werd hier total nervös. Und von der Mischtrommel über mir krieg ich neuerdings öfter Kopfschmerzen. Vor kurzem träumte ich sogar davon. Total meschugge. Ich stand oben auf der Trommel und mußte unaufhörlich dagegen anrennen, um nicht abzustürzen. Wie ein Meerschweinchen auf dem Laufrad. Da denke ich jetzt manchmal dran, wenn ich hier sitze. Komm doch schon mal vorbei, wenn du Zeit hast. Oder nee, besser nicht, wenn du doch keine Schmöker hast.«

Dann erzählt der Mann von der Mischtrommel noch von einem alten Arbeiter, der im »Tagesbunker oben« hocken soll. »Den haben sie außer Funktion gesetzt, ohne daß er es weiß. Er will es auch nicht wissen, wir haben es ihm schon öfters gesagt, er glaubt's nicht. In drei Monaten wird er pensioniert, und da konnte man ihn nicht vorher rausschmeißen, und 'ne andere Arbeit habense nicht für ihn. Sein Meßgerät – er hat die Feuchtigkeit auf dem Band zu kontrollieren – ist inzwischen an den Zentralsteuerstand angeschlossen, er will das nicht einsehen. Dabei lassen die am Steuerstand es ihn merken. Wenn er zwei-, dreimal am Tag hochruft, die Mischung stimme nicht, sagen die ihm, das wissen wir längst, Opa, aber du hast gut aufgepaßt. Es wird erzählt, er spreche manchmal mit sich. Einer will gehört haben, wie er leise gesprochen, halb gesungen habe: ›Ich bin der Meister vom ganzen Band und halte alle Zügel in meiner Hand‹ und noch so 'n Quatsch. Zutrauen würde ich's ihm.«

P. ist wieder ein Fall für sich. Er macht sich völlig überflüssigerweise seine Finger schmutzig. Dabei brauchte er nichts weiter zu tun, als hin und wieder nach dem Zeiger einer Schaltskala zu sehen und, wenn erforderlich, den Zentralsteuerstand zu informieren. Was er statt dessen macht, ist idiotisch: Mit seiner linken Hand greift er in kurzen Abständen in die matschige Mischung auf dem Band, läßt die klebrige Masse sachverständig durch seine Finger gleiten und freut sich, wenn das Ergebnis mit dem Zeigeranschlag auf der Skala übereinstimmt. Im Laufe der Zeit hat er sich ein brennendrotes Ekzem an seiner linken Hand zugezogen – durch die Chemikalien in der Mischung –, das nimmt er gern in Kauf.

Es muß eine einmalige Genugtuung für ihn sein, die komplizierte Apparatur zu überlisten, ihr zumindest gewachsen zu sein. Aber es nützt ihm nichts; und was sein sinnloses Tun noch sinnloser macht: Sein Arbeitsplatz soll bald eingespart werden. Im Zentralsteuerstand wird ihn dann ein kleines flirrendes Lämpchen ersetzen; Versuche damit sind schon im Gang. Wenn er voll Stolz seinen eigenhändig gefundenen Meßwert nach oben gibt, wird ihm in letzter Zeit oft gesagt: »Wir wissen schon Bescheid.«

Wenn keine Arbeit da ist, wird welche erfunden. Meister Z. ist da sehr erfinderisch. Er hat sich dem Betriebschef gegenüber zu verantworten. Nicht, daß die Anlage läuft – das ist Sache des Betriebsingenieurs –, er muß für seine Arbeiter geradestehen. Er ist sehr unsicher. Bei Spät- oder Nachtschicht, wenn der Betriebschef zu Hause ist, drückt er schon mal ein Auge zu, wenn er einen herumsitzen sieht. Bei Frühschicht rennt er meist nervös durch die Gänge, und wenn er einen beim Nichtstun erwischt, erfindet er schnell eine Arbeit. Fegen und noch mal fegen. Es ist ihm auch gleichgültig, ob das die Nachtschicht bereits gemacht hat. Genauso gleichgültig ist es ihm, ob man die Arbeit nur vortäuscht. Es genügt, einen Besen in der Hand zu haben und ein bißchen auf der Stelle zu fegen. Er hat sich dem Betriebschef gegenüber zu verantworten. Wenn der ihm sagt, wir würden nicht genug spuren, macht uns Z. die Hölle heiß. So neulich, als der Betriebschef den 17jährigen F. beim Pennen erwischt; er sitzt auf der obersten Stufe einer tausendstufigen Treppe, die er fegen soll, hat den Besen zwischen die Beine geklemmt, den Kopf vornüberhängen und schläft. Der Betriebschef weckt ihn nicht, beschwert sich statt dessen bei Meister Z. Dieser hat sogleich eine Spezialarbeit für F. parat. Er soll im Freien den mehrere Tonnen fassenden Kübel mit Sinter vollschaufeln. Und weil Meister Z. den Rüffel vom Betriebschef noch nicht geschluckt hat, stellt er F. ein Ultimatum: »Wenn der Kübel bis Schichtschluß nicht voll ist, fliegst du raus. Morgen kannst du dir dann die Papiere abholen.«

Die Arbeit ist während einer Schicht kaum zu schaffen, besonders nicht von F., der ziemlich schmächtig gebaut ist. Der Eisenkübel ist an die zwei Meter hoch, F. reicht mit ausgestrecktem Arm eben bis zum Rand. Er muß die Schaufel bis über seinen Kopf ziehen. Meister Z. kommt alle Augenblicke nach ihm sehen, damit ihm keiner hilft. F. gibt sein Bestes. Er will nicht die Papiere bekommen. Er ist noch keine drei Monate hier. Vorher war er am Bau. Die Arbeit hier ist besser. Und wenn er so oft die Arbeit wechselt, nimmt ihn so schnell kein anderer mehr. Das dreckigste ist nur, daß die Arbeit total überflüssig ist. Es ist die Arbeit des Hubladers, der jeden Abend kommt und den Kübel mit drei, vier Ladungen innerhalb von fünf Minuten bis über den Rand füllt. F. schaufelt, bis sein Hemd naß am Körper klebt. Dann zieht er sich das Hemd aus und wenig später auch das graue Unterhemd. Um 12 Uhr mittags hat er noch keine Pause gemacht, noch zwei Stunden sind es bis Schichtschluß, und der Kübel ist erst knapp über die Hälfte voll.

F. legt jetzt öfter kleinere Pausen ein, um anschließend noch schneller zu schaufeln. Meister Z. weicht nicht mehr von seiner Seite. Er will den aussichtslosen Kampf zu Ende verfolgen und bei der Niederlage dabeisein. Er feuert ihn noch an, damit F. nicht am Ende noch seine aussichtslose Lage erkennt und aufgibt. »Du kannst es noch schaffen. Du brauchst nicht bis zum obersten Rand. 10 Zentimeter darunter« – er mißt F. mit der Hand das gewonnene Stück vor – »gebe ich mich mit zufrieden. Sonst ist es dein letzter Tag bei uns. Drückeberger und Schwächlinge füttern wir nicht mit durch.«

F. arbeitet jetzt, ohne abzusetzen. Er arbeitet wie im Fieber, schaufelt, um zu schaufeln, schaufelt um sein Leben, weiß nicht mehr, warum er schaufelt. Seine Bewegungen werden immer schneller, und der Sinter auf seiner Schaufel wird weniger. Zuletzt führt er nur noch die Bewegungen des Schaufelns aus, die Schaufel streift am Sinter vorbei und bleibt leer. F. weiß von dem nichts, wie er später erzählt; er glaubt, der Kübel fülle sich genauso rasend schnell, wie er sich in seiner Raserei ins Zeug legt. Vielleicht denkt er auch an zu Hause, an seinen Vater, der meist betrunken ist und ihn prügeln wird, wenn er mit den Papieren nach Hause kommt; der säuft regelmäßig, seit seine Zeche stillgelegt wurde. Der Vater ist Frühinvalide mit nicht anerkannter Staublunge. Stundenweise arbeitet er noch am Bau. Seine Mutter ist oft krank. Er muß für seine vier jüngeren Geschwister sorgen. Drei sind verheiratet und wohnen anderswo. Einer ist nach Kanada ausgewandert und schreibt meist zu Weihnachten einen Brief, daß es da auch nicht so rosig sei und er für die Rückfahrkarte spare. »Zu wieviel seid ihr eigentlich zu Hause, das heißt, wieviel Geschwister hast du noch«, hat ihn Meister Z. mal gefragt. Da wurde F. ziemlich verlegen, rechnete nach, die Lebenden wußte er, acht waren es; aber vier, fünf oder sechs waren jung gestorben. An den Tod von zweien konnte er sich erinnern, bei den anderen wußte er es nicht, und die wollte er nicht so mir nichts, dir nichts unter den Tisch fallen lassen. Es mußten noch mehrere sein, mehr wußte er nicht. Seitdem ärgern ihn die andern damit, die es mitbekommen hatten. Zähl doch mal nach. Ihr seid ja die allerletzte Familie. Aber verzähl dich auch nicht. Eins wußte er: Für die vier Geschwister, die zu Hause wohnten, hatte er zu sorgen. Mitte und Ende des Monats hatte er das Geld auf den Tisch zu legen, und sein Vater gab ihm ein Taschengeld davon.

Meister Z. glaubt zuerst, F. habe aufgegeben und wolle ihn nun mit seinen leeren Schaufelbewegungen hochnehmen. Er brüllt ihn an: »Laß gefälligst diesen Unsinn. Das kannst du machen, wenn du nicht mehr hier bist. Noch hast du eine Chance.« Als F. nicht darauf reagiert, tritt Meister Z. von hinten an ihn heran, um ihm die Schaufel wegzureißen. Aber bei der ersten Berührung läßt F. die Schaufel fallen und sackt zusammen. Ganz lautlos. Z. nimmt immer noch an, er spiele ihm etwas vor, und will ihn hochreißen. Aber es geht nicht.

Das kann vorkommen. Die Hitze, und dann ist F. auch nicht der Stärkste. Meister Z. ist gnädig. F. darf bleiben. Nach einer Woche krankfeiern ist F. soweit wiederhergestellt. Er ist zwar noch etwas schwach auf den Beinen und sieht noch durchsichtiger als sonst aus; aber das wird schon wieder werden, sagt Meister Z. »Noch so einen ›Schwächeanfall‹ dürfen wir nicht wieder kriegen, ich werde dafür sorgen, daß du eine andere Arbeit kriegst. Wo du bei sitzen kannst.« So kommt es, daß F. einen der begehrtesten Plätze in der ganzen Anlage bekommt, die Verladung. Er sitzt in einem Glaskasten über der Gleisanlage, kann Radio hören und gut heimlich Zeitungen oder Schmöker lesen. Er überblickt das Gelände unter sich und sieht früh genug, wenn der Meister oder sonstwer kommt. Vor allem für den Winter ideal: Der Glaskasten ist heizbar, eine elektrische Heizung ist eingebaut.

Die gesamte Arbeit besteht in einem Knopfdruck. Zwei Knöpfe. Einer für das Beladen des Sinterwaggons, der andere, damit der Waggon ein Stück weiterfährt und der nächste beladen werden kann. In ganz gleichmäßigen Abständen, 30 bis 35 Waggons auf einer Schicht. Nach jedem Knopfdruck eine Viertelstunde Pause für F., während der hochofenfertige Sinter mit Getöse in den Waggon herunterstürzt. Es staubt natürlich sehr. Aber wo in der Anlage staubt es nicht? F. kann das Fenster in seinem Glaskasten schließen, die Luft ist zwar schnell verbraucht auf dem engen Raum, aber F. kann das Fenster ja wieder öffnen. Er macht ausgiebig davon Gebrauch während seiner langen Schicht.

Über eine Sprechanlage kann F. mit dem Zentralsteuerstand in Verbindung treten. Er mißbraucht die Sprechanlage oft und macht sie zu seinem Spielzeug. Er kann sie nämlich auch als

Lautsprecher benutzen, dann hallt seine Stimme Hunderte von Metern über die Gleisanlage. So singt oder pfeift er Schlager hinaus, wie über eine riesige Stereoanlage, aber für kein Ohr bestimmt. Er selbst hört drinnen seine Stimme normal. Oder wenn ein Arbeiter über die Gleise läuft, was verboten ist, aber gemacht wird, wenn jemand über den Zaun klettern will, um sich auf der anderen Straßenseite in der Angestelltenkantine etwas zum Trinken zu besorgen. Dann erschreckt ihn F. mit Sätzen wie: »Halt, stehenbleiben, oder ich schieße«, oder wenn er ihn kennt: »Komm mal rauf, und bring mir was mit.«

Dreieinhalb Wochen tut F. Dienst in seinem Glaskasten. Er fehlt nie und löst seinen Vorgänger immer pünktlich ab. Bis es dann passiert.

Durch F.s Schuld kommt die gesamte Anlage für eine halbe Stunde zum Stillstand. F. hat wieder gepennt, sagt Meister Z. »Es wurde mir plötzlich schwarz vor den Augen, ich bin ohnmächtig geworden«, verteidigt sich F.

Jedenfalls eins steht fest: Der zweite Knopfdruck, der das Weiterrucken des Waggons verursacht und einen neuen Waggon füllt, wurde von F. unterlassen. Der Sinter stürzte herab, überschüttete einen großen Teil der Gleisanlage, türmte sich zu einem Berg auf und verstopfte schließlich die Öffnung, wodurch alle Bänder gleichzeitig stockten. Da erst wurde im Zentralsteuerstand die Panne bemerkt. Man telefonierte herum, und als von überallher alles klar gemeldet wurde, schickte man einen Mann los, der die Bescherung entdeckte und F. mit seinem Kopf auf dem Schaltpult liegen sah.

Alle Leute in der Anlage werden zusammengetrommelt, und während der Betriebsingenieur dabeisteht und alle Augenblicke auf seine Uhr schaut und uns antreibt, schaufeln wir die Gleise frei. Der Betriebsingenieur wird zusehends nervöser, er rennt hierhin und dorthin, und man merkt ihm an, daß er am liebsten selbst mit anpackte, wenn es ihm sein Rang nicht verbieten würde. 800 bis 1000 DM Schaden in der Minute, man sieht dem Betriebsingenieur an, wie er die Zeit bis auf Sekunden zerlegt und den Schaden zusammenrechnet. Von 25000 Mark Schaden ist nachher die Rede. F. ist schuld und muß dafür aufkommen, sagen die anderen Arbeiter. Besonders Meister Z. ist aufgebracht. »Habe ich ihm die Chance auf dem Vorzugsposten gegeben, und er mißbraucht mein Entgegenkommen, indem er wieder pennt. Es bleibt letzten Endes an mir hängen, ich habe ihn für diesen Posten vorgeschlagen.« »Ich hab nicht gepennt«, sagt F. »Es war mir den ganzen Tag schon so komisch. Seitdem ich damals zusammengebrochen bin, fühle ich mich öfter so.« »Dumme Ausreden«, sagt Meister Z., »ich an deiner Stelle würde ganz kusch sein, sonst kriegen wir dich ran für den Schaden.« F. macht eine Woche krank und muß sich dann beim Vertrauensarzt melden, der Betriebschef besteht darauf. F. muß sich wieder gesundmelden. Nur für leichtere, nicht verantwortungsvolle Tätigkeiten verwendbar, steht auf dem Attest. In einem hat der Vertrauensarzt festgestellt, daß bei dem Versagen F.s eine Ohnmacht nicht ausgeschlossen werden kann, da eine erhebliche Kreislaufschwäche bei ihm vorliege.

»Wir können dich leider nicht bei uns behalten«, sagt der Betriebschef. »Es ist in deinem und unserem Interesse, wenn du dir eine andere Stelle suchst. Wie leicht könnte wieder etwas passieren.« F. hat 14tägige Kündigungsfrist. In dieser Zeit gibt man ihm keine Arbeit, man sieht ihn oft auf den Gleisen bei der Verladung stehen und zum Glaskasten hinaufschauen, wo ein neuer Arbeiter jetzt durch Knopfdruck die Waggons in Bewegung setzt. Oder er läuft zu den anderen Arbeitern und erzählt allen vom Attest seiner erwiesenen Unschuld. Er ist glücklich, daß man ihn nicht zur Verantwortung zieht. Sein Vater hat ihm gedroht: »Du fliegst raus zu Hause, wenn du den Schaden aufgebrummt bekommst.«

Sein Vater versuchte nachher, als er von der Unschuld seines Sohnes erfuhr, bei der Hütte eine Kur für ihn zu beantragen. F. war noch nie im Urlaub verreist, mit 16 ein Jahr im Pütt, sein Geld immer für die Familie mit reingebuttert. Ferien am Meer hat sich F. immer gewünscht, er sieht darin das große Gegenstück zum Pütt, er hat das Meer noch nie gesehen, er kann sich nichts Großartigeres vorstellen. Die Kur für seinen Sohn wird dem alten Kumpel ausgeredet, dafür ist er noch nicht lange genug auf der Hütte. Das kommt davon, wenn man seinen Arbeitsplatz so oft wechselt. Eine Kur soll eine Belohnung für langjährige treue Pflichterfüllung im Krankheitsfall eines älteren Mitarbeiters sein, hat der Betriebschef ihm klargemacht.

F. bekommt am 14. Tag seine Papiere und alle guten Wünsche mit auf den Weg. Er solle sich eine leichte Arbeit aussuchen und auf die paar Pfennige, die er dabei weniger verdiene, zugunsten seiner Gesundheit verzichten. F. will es beherzigen.

Eine Woche später fängt er wieder auf der Hütte an. Das heißt, nicht auf der eigentlichen Hütte, die nimmt ihn nicht mehr, weil er dort in der Kartei als arbeitsuntauglich eingetragen ist. – Aber ein freier Unternehmer, der im Auftrag der Hütte seine Leute an sie verkauft, stellt ihn ohne lange zu fragen ein. F. ist jetzt Lastenträger in der Hütten-Transportabteilung. An- und abfahrende Laster hat er zu ent- oder beladen. H., der ihn nachher noch mal dort gesehen hat, erzählt, diese Arbeit sei eine schöne Schufterei und wie gut es der F. doch bei uns gehabt habe.

Meister Z. triumphiert. Er hat es ja gleich gesagt. Penner und Nichtstuer haben bei uns in der Anlage nichts zu suchen. Und F. war einer von jener Sorte, er hat ihn von vornherein durchschaut. Darum auch die Feuertaufe, so nennt Meister Z. das Kübelvollschaufeln auf Zeit seit dem Tag, als F. dabei zusammenbrach. Er macht seitdem eine Art Sport daraus. »Komm, Feuertaufe«, sagt er nur, wenn er wieder einen beim Pennen erwischt hat oder sich jemand allzulang auf die Toilette zurückzieht. Er macht's mit den Neuen, die noch keine drei Monate bei uns sind und die er noch ohne Angabe eines Kündigungsgrundes raussetzen kann.

Einmal, als B. sich weigerte, diese überflüssige Arbeit, wie er sie nannte, auszuführen, war Meister Z. konsequent. B. bekam drei Tage später seine Papiere, wegen schlechter Arbeitsmoral, wie der Betriebschef es ausdrückte. Sonst ist Meister Z. vorsichtiger geworden. Er setzt das Arbeitspensum so an, daß es bei größter Anstrengung gerade zu schaffen ist. Wenn er merkt, daß jemand am Ende seiner Kräfte ist, erläßt er ihm oft sogar einen Teil der Arbeit.

Bis der Mann von der Mischtrommel auf den Trick mit den Brettern kam. Seitdem hat die Feuertaufe für uns ihre Schrecken verloren. Es ist zwar noch etwas aufregend, aber im Grunde genommen mehr Spaß als Strafe. Weil die Anlage für kurze Zeit stillstand – eine kleinere Reparatur mußte ausgeführt werden –, verließ der Mann von der Mischtrommel seinen Platz und stieg zu H. aufs Dach. Das ist verboten. Keiner darf seinen Posten verlassen, wenn er eine Kontrollfunktion innehat. Man weiß nie, wann die Anlage wieder anläuft. Dabei gibt es keinen Rhythmus. Zufällig und ganz unvorhergesehen sind die Pausen und ebenso überraschend auch wieder zu Ende. Nur der dreimalige Brummoder Heulton – je nachdem, in welchem Hallenabschnitt und Bandsystem – verkündet kurz vorher und nachher Beginn und Ende des Stillstands. Der Mann von der Mischtrommel jedenfalls war nicht früh genug wieder auf seinem Posten. Meister Z. befahl Feuertaufe. Der Mann von der Mischtrommel wußte, was ihn erwartete, und kam auf den Trick. Als Meister Z. einmal nicht neben ihm stand, suchte er schnell ein paar größere Bretter im Gelände zusammen, legte erst mal eins quer in den Kübel, so daß ein Hohlraum entstand, und schaufelte Sinter darauf. Meister Z. merkte nichts. Mit den anderen Brettern machte er es ebenso und ersparte sich auf diese Art über die Hälfte der Arbeit. Immer wenn Z. hinzutrat, legte er sich schwer ins Zeug.

Später erzählte er H. seinen Trick. Der kam auf die Idee, ihn populär zu machen. Immer wenn von nun an jemandem die Feuertaufe bevorstand, nahm ihn sich H. vor und weihte ihn ein. Auch in die ganze Psychologie der Sache. Man darf keine zu großen Hohlräume entstehen lassen, muß Erschöpfung oder zumindest Anstrengung vortäuschen, damit Meister Z. seine Genugtuung hat.

Bis jetzt ist uns Meister Z. noch nicht auf die Schliche gekommen. Das ist der einzige Fall in Sinter zwo, wo sich Arbeiter geschlossen einer sinnlosen Arbeit zu erwehren wissen.

Seitdem ist H. auf seinem Dach fast zu einer legendären Gestalt in der Anlage geworden. Er hat den Trick zwar nicht erfunden, aber sein Verdienst ist es, System in die Sache gebracht zu haben. Und das ist ungewöhnlich und einzigartig bei einem System, in dem Maschinen Maschinen regieren und wo der Mensch nur so lange nützlich ist, bis ihn die Maschine ersetzt hat, ein zweites

System erfunden zu haben, wodurch ein Rest an Menschlichkeit erhalten bleibt . . .

Ganz so überflüssig, wie es scheinen mag, sind wir am Ende doch nicht. Es kommt vor, zwar nicht oft, aber es kommt vor, daß die Anlage uns ernsthaft braucht. Aus diesem Grund behält man uns hier. Aus diesem Grund schmeißt man die 0,07 Prozent der gesamten Betriebskosten für unsere Löhne heraus und bucht sie unter Reinigung und Wartung. Irgendwie ein beruhigendes Gefühl: Sinter zwo wäre ohne uns aufgeschmissen.
Wenn die Maschine versagt und kein Knopfdruck mehr hilft, springen wir ein. Als universeller Stoßtrupp und letztes Rollkommando. Wenn wir mit unseren Schippen, Stangen, Zangen oder den bloßen Händen nichts ausrichten können, bedeutet das gleich einen enormen Verlust für die Hütte. Dann muß die Anlage für eine oder mehrere Schichten außer Betrieb gesetzt werden, bis die Spezialingenieure der Herstellerfirma den Schaden ausfindig gemacht und behoben haben.
Zum Beispiel, das Schlackenband ist verstopft. Wenn die in schwindelnder Höhe die Bunker entleeren – Bunkerstoßen nennt es der Meister –, ist das Schlackenband im Nu verstopft. Die dicken Schlackenbrocken setzen sich im Kasten fest, und wenn dann noch ein Stoß Roste auf einmal hineinrutscht, ist alles blockiert. Da nützt der Mann nichts, den der Meister vorher an dem Kasten postiert, damit er die Roste rechtzeitig herausfischt, er müßte hundert Hände haben, um solche Stöße abzufangen.
Es kommt jetzt darauf an, früh genug die Reißleine zu ziehen, die alles ruckartig zum Stehen bringt. Geschieht es rechtzeitig – letzten Endes ist es Glückssache, je nachdem, wie groß die Brocken sind und wieviel Roste –, kann der Kasten mit einer Stange wieder freigestoßen werden. Ärger gibt es trotzdem. Jeder Stillstand, mag er noch so kurz sein, muß im Schichtbuch notiert werden, er geht aufs Konto des Meisters; der kommt heruntergelaufen, brüllt den Mann an, warum er nicht aufpasse, und jeder Einwand und jede Erklärung der Sachlage ist zwecklos. Weitaus schlimmer ist es, wenn sich die Roste im Kasten verklemmt haben und mit der Zange nicht mehr lösen lassen. Das kann einige

Zeit in Anspruch nehmen. Der Meister ist ein einziger stummer Vorwurf, brüllt diesmal auch nicht, holt seine Stabtaschenlampe und verschwindet mit dem Oberkörper in dem engen Kastenloch. Anschließend, wenn er sich von der Verzahnung der Roste überzeugt hat, trommelt er Leute zusammen, deren er im weiteren Umkreis habhaft werden kann. Eine große Unsicherheit befällt ihn in solchen Situationen. Vielleicht rührt daher auch sein Augenzucken. Es ist etwas geschehen, was nach dem Plan der Anlage nicht geschehen dürfte. Es bleibt seiner Erfindungsgabe überlassen, die Anlage wieder in Betrieb zu bekommen. Das ist leichter gesagt als getan. Wo ansetzen?

So steht Meister Z. erst einmal ratlos herum, und was ihn in so einem Moment außer sich geraten lassen kann: wenn er einen anderen herumstehen sieht, der ebenso ratlos ist wie er. Den H. hätte er kürzlich fast verprügelt, weil der ihm nicht zu helfen wußte. »Tu was, tu endlich was!«, schrie er ihn an und packte ihn dabei am Arm, und als H. »Was?« fragte, ging er gar nicht darauf ein, schrie nur noch heftiger: »Tu was, verdammt, beweg dich«, und dann, fast weinerlich: »Es bleibt alles an mir hängen.«

So ist es, der Betriebschef wird ihm später jede Minute Stillstand vorrechnen, und Meister Z. wird dafür geradestehen müssen.

Es hilft nichts. Er schafft nur ein heilloses Durcheinander. Alle rennen nutzlos umher, um nicht untätig zu erscheinen. Mit Hämmern, Stangen und Schaufeln versehen sich die meisten – es sieht nach etwas aus – und schlagen mit den Hämmern, Schaufelstielen und einer sogar mit der bloßen Faust gegen die Kastenwand. Es bleibt zuletzt nichts anderes übrig: Es muß einer in den Kasten hineinkriechen, mit den bloßen Händen das Zeug rausbuddeln; Staub schlucken bis zum Erbrechen, und die Hände werden an den scharfen Rosten blutig gerissen. Meister Z. bestimmt das jeweilige Opfer. Er tut's nicht gern. Es ist eine zeitraubende Angelegenheit. Aber schneller läßt es sich in so einem Fall nicht machen.

Das ist noch harmlos gegen die Situation, wie wir sie neulich hatten. Als die Rutsche unterhalb des Schüttelrostes zu verstopfen drohte. Die Mischung hatte nicht gestimmt. Das kann normalerweise nicht passieren, alles ist elektronisch geregelt, elektronische Kontrollen und Gegenkontrollen sind eingebaut. Trotzdem stimmte die Mischung nicht, der Sinter war noch feucht, wo er hätte pulvrig und trocken sein müssen, und verkleisterte die Rutsche. Ein Ingenieur der Meß- und Regeltechnik war schnell zur Stelle, er ließ von zwei Arbeitern die gußeiserne Klappe an der Rutsche öffnen, mit schweren Hämmern und Stemmeisen bekamen sie die zentnerschwere Tür Spalt für Spalt auf. Als die Öffnung groß genug war, hielt der Ingenieur zuerst seine Taschenlampe hinein und zog den Kopf nach, zog ihn aber sehr schnell wieder heraus. Sein Gesicht war schwarz, und fluchend wischte er sich die heißen Staubkörner von Gesicht und Nacken. Er hatte genug gesehen, um Gegenmaßnahmen treffen zu können.

Es rutschte nicht mehr auf der Rutsche. Die unterste Schicht war feucht, darüber türmten sich die heißen Sinterbrocken und ließen die Rutsche mehr und mehr zuwachsen. Dadurch drohte der Schüttelrost zu verstopfen. Das wäre ein scheußliches Dilemma. Mit Spezialschweißgeräten hätte man dann den Schüttelrost öffnen müssen und die Sinterbrocken gleich tonnenweise daraus entfernen. Jetzt war es noch früh genug, jetzt zählte jede Minute, jetzt galt es zu handeln. Zuerst ließ der Ingenieur mit Preßluft arbeiten. Von außen mußte ein Arbeiter mit einem Stahlrohr in die Kruste bohren, damit die Preßluft den festgebackenen Sinter löste. Aber das half nichts. Man hätte schon einen Orkan entfachen müssen, so zäh klebte die Masse. Es wurde noch ein zweites Blasrohr herbeigeholt und ein drittes, es löste sich kaum etwas.

Mit langen Stangen ließ es der Ingenieur daraufhin versuchen. Das half ebensowenig. Höchstens zehn Meter reichte man mit den Stangen, die Arbeiter stocherten vorn an der Öffnung etwas los, aber das genügte längst nicht, die gesamte Kruste ins Rutschen zu bringen. Einmal waren die Stangen zu kurz, zum anderen hätte die Kraft der Arbeiter nicht ausgereicht, um bei längeren Stangen eine wirksame Hebelwirkung anzusetzen. Über 20 Meter ist die Rutsche breit. Was tun?

Es ist keine Zeit zu verlieren. Der Ingenieur telefoniert mit dem Betriebschef. Es wird hin und her geredet. Hastig. Der Ingenieur spricht mit Nachdruck. Er brüllt in die Sprechmuschel hinein. Es ist sehr laut. Das Schütteln des Rostes. Wir stehen in drei Meter Abstand und verstehen kein Wort. Eins merken wir: Der Ingenieur will etwas durchsetzen. Er hängt den Hörer ein und scheint zu überlegen. Er bestimmt drei Arbeiter, die Leitern holen sollen und Stemmeisen. Wir wissen nicht, was er vorhat. Die Arbeiter bringen das Verlangte. Dann stehen wir herum und warten.

Dann schrillt das Telefon an der Wand. Der Ingenieur stürzt darauf zu. Es muß wieder der Betriebschef sein, denn das Gesicht des Ingenieurs entspannt sich. Der Betriebschef wird sich Instruktionen bei der obersten Direktion geholt haben. Der Plan des Ingenieurs ist bewilligt.

Die Leitern werden schräg in die Öffnung geschoben, so daß sie an der Kante der gegenüberliegenden Seite aufliegen. »Freiwillige vor«, sagt der Ingenieur. »Es muß sein, sonst ist in der nächsten halben Stunde der ganze Kasten verstopft.« Betretenes Schweigen. Keiner meldet sich. Jeder weiß, was ihn in dem Glutkasten erwartet.

»Es muß sein«, sagt der Ingenieur diesmal mit Nachdruck. »Sonst können wir den ganzen Laden hier für einige Schichten zumachen. Wenn sich keiner freiwillig meldet, muß ich einen bestimmen.«

Einer blickt verstohlen zum andern. Keiner wagt, den Ingenieur auf die Gefährlichkeit und Unzumutbarkeit seines Vorhabens hinzuweisen.

»Das einzig Sinnvolle wäre gewesen«, sagt H. später, als es vorbei ist, »die Anlage zu stoppen und zu warten, bis der Kasten einigermaßen abgekühlt ist.« Das hätte allerdings Stunden gedauert. »Du«, sagt der Ingenieur und zeigt auf den Mann von der Mischtrommel, »du scheinst mir hier der Feuerfesteste zu sein.« Als der Mann von der Mischtrommel Einspruch erheben will – Angstschweiß perlt ihm auf der Stirn (oder liegt es lediglich an der Hitze, die das Schüttelrost ausstrahlt?) –, sagt der Ingenieur mit Nachdruck: »Es muß sein. Wenn du nicht willst, muß ich das als Arbeitsverweigerung auffassen. Überleg es dir gut. So einen Job bekommst du so schnell nicht wieder.«

Der Mann von der Mischtrommel geht hinein. Wir binden ihm hastig nasse Lappen um Schuhe und Hände, er selbst klemmt sich einen nassen Aufnehmer unter den Schutzhelm, damit sein Nacken geschützt ist. Übers Gesicht will er sich auch einen legen und zwei Löcher hineinschlitzen, aber der Ingenieur verbietet es ihm. »Du behinderst dich selber damit. Es muß schnell gehen.«

Auf allen vieren kriecht der Mann von der Mischtrommel auf die Leiter. Wir stemmen uns an der Öffnung dagegen, damit sie nicht wackelt oder umkippt. Wir reichen ihm das Stemmeisen nach. Die Anlage läuft weiter. Ein Balanceakt für den Mann von der Mischtrommel. Wenn die Leiter durch allzu heftige Bewegungen umkippt, würde er über die steil abfallende Rutsche in den Kühler stürzen. Falls er nicht auf der Rutsche schon versengt würde, würde er spätestens dort geröstet. Der Ingenieur leuchtet mit seiner Stabtaschenlampe in die Öffnung hinein. Dichter, kaum durchdringbarer heißer Staub. An einigen Stellen sprühen glühende Sinterkörner.

Ein heißer Atem schlägt aus der Öffnung, und der Ingenieur läßt die Lampe von einem Arbeiter halten, während er sich ein feuchtes Tuch reichen läßt, womit er sich über die Stirn wischt. Nach einigen Minuten will der Mann von der Mischtrommel rücklings herauskriechen, er stöhnt: »Ich kriege keine Luft. Ich verbrenne hier noch.« Der Ingenieur versperrt ihm die Öffnung: »Das Mittelstück muß wenigstens frei sein, vorher kommst du mir hier nicht raus.« Er läßt ihm noch einmal nasse Lappen geben. Wir hören den Mann von der Mischtrommel drinnnen fluchen und schließlich einen Schrei ausstoßen. Er ist wieder an die Öffnung gekrochen und wimmert, der Ingenieur solle ihn endlich herauslassen, er habe sich »Pfoten und Haxen« verbrannt. Zum Beweis streckt er ihm sein linkes Bein aus der Öffnung entgegen. Die Schuhsohle ist durchgeschmort.

Der Ingenieur bestimmt: »Neue, dickere Lappen«, aber der Mann von der Mischtrommel drängt mit Gewalt heraus. Der Ingenieur gibt nach.

Der Mann von der Mischtrommel schleicht leicht humpelnd zu seiner Kaue. Er sagt keinen Ton. Er entfernt auch den Aufnehmer nicht, der ihm jetzt in Fetzen und angesengt über den Nakken fällt.

Der Ingenieur sagt: »Ein neuer vor. Ruck, zuck. Sonst ist es zu spät.« Das gleiche betretene Schweigen wie zuerst, einer blickt am andern vorbei. Jeder bemüht sich, dem suchenden Blick des Ingenieurs auszuweichen. Als ich den Kopf schüttele, muß das für den Ingenieur eine Herausforderung sein, denn er zeigt auf mich und sagt: »Du da. Du scheinst von der Notwendigkeit unseres Sonderkommandos nicht sehr überzeugt zu sein. Rein in den Kasten mit dir. Und sei nicht so zimperlich wie dein Kumpel vorhin. Zehn Minuten mußt du mindestens durchhalten, und in der Zeit muß die Rutsche frei sein.«

Es hat keinen Zweck zu protestieren. Es wäre Arbeitsverweigerung, und auf Arbeitsverweigerung steht unweigerlich Entlassung, wenn man noch keine drei Monate hier ist. Sonst könnte man versuchen, mit Hilfe des Betriebsrats dagegen anzugehen, aber in diesem Fall braucht die Hütte die Kündigung nicht einmal zu begründen.

Ich liege auf der Leiter, mit dem linken Arm umklammere ich die Sprosse, in der Rechten halte ich das Stemmeisen und schlage mit kurzen Stößen gegen die festgepappte Sinterkruste. Über mir tost das Schüttelrost, schräg unter mir rumort der Kühler. Kleinere Brocken schlage ich los, aber neue Brocken rollen herunter und setzen sich fest. Ich kann nicht fest genug schlagen, bei jedem stärkeren Stoß gerät die Leiter bedrohlich ins Schwanken. Die Taschenlampe vom Ingenieur ist ein kleiner Lichtpunkt, der bei der Staubdichte keine Helligkeit erzeugt. Es ist unerträglich heiß. Die Haare in der Nase glühen. Ich kann nicht durchatmen, weil ich dann das Gefühl habe, innerlich zu verbrennen. Das Stemmeisen ist glühend heiß geworden, durch die nassen Lappen hindurch, die jetzt dampfen, und durch die Asbesthandschuhe verbrenne ich mir die Finger. Ich schmeiße die Stange vor mir auf die Leiter. Die Stimme des Ingenieurs ahne ich nur: »Weiter. Mach weiter. Weiter. Weiter.« Oder bilde ich es mir nur ein. Das Tosen und Stampfen ist so stark, daß ich mein eigenes Gebrüll nicht mehr höre, als ich zurückrufe: »Es geht nicht. Ist zwecklos. Ich komme wieder raus.« Die Stimme des Ingenieurs scheint keine Halluzination gewesen zu sein, denn es tönt kaum hörbar zurück: »Du bleibst drin. Beiß auf die Zähne. Wir müssen vorankommen«, und etwas lauter dann: »Tempo, weiter, mach endlich weiter.«

Die Stange ist nicht abgekühlt, aber es ist mir jetzt alles egal. Ich haue drauflos, daß die Brocken fliegen und die Leiter schwankt. Den Schmerz spüre ich nicht. Es ist, als würde das Gehirn kochen. Den Kühler unter mir fürchte ich nicht. Er dreht sich, und das ist direkt beruhigend. Ein Sog entsteht. Wenn man auf einer hohen Brücke steht oder bei einer Turmbesteigung hinter einem niedrigen Geländer, dann ist es die Tiefe, die so lockt. Soll die Leiter umkippen. Meinetwegen. Ich haue sinnlos drauflos und habe jedes Gefühl verloren. Wenn ich in den Kühler stürze, soll mir das recht sein. Ich bin es nicht, der dann verglüht. Alles zischender, kochender, verglühender Sinter. Das hat alles nichts mehr mit mir zu tun.

Ich spüre plötzlich einen starken Druck an meinem Fuß. Mit einer Stange wird dagegengestoßen. Wie aus einer Betäubung wache ich auf. Dann höre ich wieder die schwache Stimme des Ingenieurs. »Laß endlich gut sein. Kannst jetzt rauskommen.« Rücklings krieche ich vorsichtig der Öffnung zu, reiche das Stemmeisen hinter mich und spüre plötzlich, wie glühend heiß es ist. Und stelle fest, daß die nassen Lappen, die ich um die Hände gewickelt hatte, nicht mehr da sind. Und am rechten Handschuh ist die Innenseite herausgebrannt, und die Hand ist rot und tut verdammt weh.

»Das hätten wir geschafft«, sagt der Ingenieur. »Eins begreif ich nicht, warum hast du noch drauflosgehauen, als die Rutsche längst frei war? Aber nichts für ungut. So eine Arbeitswut lob ich mir.«

Als ich bereits zwei Monate zu Sinter II gehöre, stelle ich fest, daß Staubmasken für uns da sind. Verschlossen in einem Werkzeugschrank liegen sie gestapelt, neu und unbenutzt. Von ihrer Existenz ahne ich, als eine Kommission von drei Herren einer anderen Hütte durch unsere Anlage geführt wird. Der Betriebschef geleitet sie persönlich, besonders durch die weniger staubigen Bereiche. Wir hatten drei Tage vorher schon alles staubfrei machen und staubfrei halten müssen, jedenfalls in den Abschnitten, wo sie herumgeführt wurden. Diese drei Herren, einschließlich Betriebschef, trugen Staubmasken vor den Gesichtern. Direktoren waren es bestimmt, der Betriebschef dienerte vor ihnen, legte ihnen eigenhändig Eisenstangen aus dem Weg, über die sie bequem hätten steigen können, und beliebte mit ihnen zu scherzen.

Nachher nahm unser Meister mit einer Verbeugung die Staubmasken in Empfang – und verschloß sie in dem Werkzeugschrank.

Mir sagt er, als ich ihn danach frage: »Das behindert euch mehr, als es nützen würde; darum werden sie nicht ausgeteilt«, und der Steuermann aus der Sinterwarte, der dabeisteht, sagt: »Früher war ich am Hochofen. Da sollten wir die Masken eigentlich aufsetzen. Aber das hätten wir während einer Schicht mindestens dreißigmal tun müssen. Da ließen wir es. Man will ja die Produktion nicht zu sehr aufhalten!«

Das Bunkerstoßen geschieht freischwebend in schwindelnder Höhe. Ein schmales, schwankendes Brett ohne Geländer. Es besteht auch kein Anlaß, ein Geländer hinzubauen, da das Reinigen der Bunker im Prinzip automatisch erfolgt. Sicherheitsgurte werden nicht ausgeteilt, damit keine Zeit verlorengeht. Alle paar Tage sind die Bunker verstopft. Eine mühselige Arbeit auf dem Brett, in zwanzig Meter Höhe. Ich wüßte gern, ob über den Betriebschef hinaus jemand von der Existenz dieser Arbeit weiß. Neulich lief das Gerücht, jemand von der Gegenschicht sei beim Bunkern abgestürzt.

Plötzlich wurden auch Sicherheitsgurte ausgeteilt. Keiner wußte etwas Genaues. Der Meister schien von dem Unfall zu wissen, denn als wir ihn fragten, sagte er, das ginge uns nichts an. Kurze Zeit darauf, als sich alle beruhigt hatten und nicht mehr darüber gesprochen wurde – vielleicht war es wirklich nur ein Gerücht –, wurden die Sicherheitsgurte nicht mehr ausgeteilt.

Stößt jemand beim Bunkerstoßen zu fest zu – und je fester man stößt, um so schneller geht die Arbeit voran –, gerät das Brett bedrohlich ins Schwanken. Wer jetzt schwindelfrei ist, und man wird es bei dieser Arbeit, kann das Schwingen mit seinem Körper ausbalancieren. Aber ein plötzliches Angst- oder Schwindelgefühl oder ein heftiges Danebenstoßen oder unerwartetes Nachgeben der Sinterbrocken kann zum Sturz in die Tiefe führen. Wenn bis jetzt noch nichts passiert ist, ist das reine Glückssache. Woher sollen wir wissen, ob schon einmal etwas passiert ist, denn immer nur einer führt diese Arbeit aus, im Umkreis von hundert Metern kein zweiter Arbeiter – man würde alles tun, damit wir nichts erfahren, damit dann keine Beunruhigung entstünde. So besorgt ist man um uns.

Es ist seltsam, der Mann von der Mischtrommel, der in Abständen zu dieser Arbeit herangezogen wird, meint, diese Arbeit mache er lieber, als den ganzen Tag stur dazusitzen und aufzupassen, daß man nicht vom Meister beim Lesen erwischt wird. Vielleicht ist es auch der Rausch des Artisten unter der Zirkuskuppel oder einfach die Bestätigung seiner selbst, wenn er es geschafft hat und die Sinterbrocken wieder durch das Rohr hindurchdonnern – eine Arbeit, mit der die Anlage selbst nicht fertig wird, obwohl von allerhöchster Stelle eingeplant.

Trotzdem, es ist eine Übergangszeit, das wissen alle. Wie lange noch? »Wir sind die Lückenbüßer der Anlage, ohne uns geht's nicht«, sagte H. einmal weise. »Bilden wir uns aber nur nichts darauf ein, ein rein technisches Problem. Wenn es gelöst ist, dann schmeißt uns die Anlage mit Karacho.«

Dreimal täglich heulen von Sonntag bis Sonntag die Sirenen in der Fabrikstadt, bei jedem Schichtwechsel, um sechs Uhr früh, um zwei Uhr mittags und um zehn Uhr nachts.

Das Schreckliche ist, daß auch die freie Zeit im Grunde nichts anderes ist als eine zweite Fabrik. Wer acht Stunden bei einer Arbeit ausharren muß, die zu keinem Ziel führt, kann sein Leben nicht mehr in zwei Bereiche trennen. Er arbeitet, um die Voraussetzungen für seine Arbeit zu schaffen: Er lebt, um zu arbeiten.

Die meisten lassen die Fabrik über sich ergehen, sie sind sich des Zwangs nicht mehr bewußt, haben die Fabrik in ihr Leben aufgenommen. Die freien Tage sind nichts anderes als ein Warten auf die nächste Schicht.

Mehr als hunderttausend Männer und Frauen leben in der Ruß-stadt. Jeder Arbeiter besitzt eine Kennummer. Sie setzt sich aus römischen und arabischen Ziffern zusammen. Die römischen kennzeichnen die Abteilung, der er angehört: Hochöfen, Tho-masstahlwerk, Drahtstraße, Walzstraße, Oxydenwerke, Gie-ßereien, Kokerei, Halden, Erz-, Brech- und Siebanlage, Sinter-anlage; die arabischen markieren seine Tätigkeit, von denen es mehr als tausend gibt: Entschlacker, Kokslader, Erzlader, Schrottlader, erster, zweiter und dritter Mann am Hochofen, Wagenkipper, Gichtreiniger, Sinterreiniger und Hunderte an-dere.

Auf ihren Rücken türmt sich die Hütte zur Pyramide. Hundert-tausende Lebende und Tote dienten ihr als Fundament – und an ihrer Spitze thront ein einziger Mann, Baron von Thyssen, ehe-maliger hoher Offizier und Träger des Bundesverdienstkreuzes. Er ist der eigentliche Herrscher über die Rußstadt. Er selbst lebt anderswo. In südlichen Ländern hat er seine verschiedenen Wohnsitze. Er war in der glücklichen Lage, seiner letzten ge-schiedenen Frau als Abfindung unter anderem eine Insel im Mit-telmeer zu vermachen. Die meisten seiner Arbeiter haben ihn noch nie zu Gesicht bekommen. Sein letzter Besuch der Werk-hallen liegt mehrere Jahre zurück. Wenn seine Arbeiter von ihm sprechen, klingt Hochachtung und zuweilen Ehrfurcht aus ihrer Rede. Einerseits lieben und verehren sie jenes allmächtige We-sen, andererseits fürchten sie es. Sie sind ihm ausgeliefert und von ihm abhängig.

Seine Allmacht bekommen sie zu spüren, wenn sie innerhalb der Fabrikstadt ihren Arbeitsplatz wechseln wollen. Wenn sie dann bei einem anderen Großbetrieb um Arbeit bitten, wird ihnen ge-sagt, sie sollen bleiben, wo sie sind. Hinter ihrem Rücken sind Abmachungen getroffen worden, damit sie nicht von einer Hütte zur nächsten Hütte abwandern. Umgekehrt ist es auch für Kum-pels, deren Zeche noch in Betrieb ist, nicht möglich, auf der Hütte anzufangen. Die Gründe für diese heimlichen Absprachen sind für den Arbeiter schwer durchschaubar. Er weiß in den sel-tensten Fällen von den immer stärker werdenden Kapitalver-flechtungen.

Auch wissen Arbeiter von kleineren Unternehmen oft nicht, wie ihnen geschieht, wenn sie plötzlich bei der Großhütte im Lohn stehen. Sie sind aufgekauft worden und mit ihnen ihr vormaliger Betrieb. Meist sind es finanziell schwache Unternehmen mit möglichst zahlreicher Belegschaft. Diese Unternehmen werden dann stillgelegt und die Arbeiter von der Großhütte absorbiert. Sie kauft und bezahlt den Ballast des abgewirtschafteten Unternehmens und bekommt als Dreingabe die Leistungskraft der Arbeiter. Kein Arbeiter wird deswegen gefragt. Es ist nicht seine Sache, die da verhandelt wird. Im übrigen interessiert es ihn am Ende nicht einmal. Die Großhütte zahlt ihm womöglich einen Groschen mehr pro Stunde. Und was kann er mehr verlangen?

Als ich H. wieder einmal auf seinem Dach besuche, zeigt er zum Himmel und sagt: »Da. Das ist er!« Er springt auf und läuft an den äußersten Rand des Daches und fängt an zu winken. Er lacht und freut sich wie ein Kind.

Plötzlich schlägt seine Stimmung um. Er ballt die Faust und droht theatralisch zum Himmel. Gleichmäßig und sehr niedrig kreist ein Flugzeug über der Rußstadt.

»Das war er«, sagt H. dann wieder gelassen, als das Flugzeug aus unserem Blickfeld verschwunden ist. »Alle paar Monate kommt er und sieht sich sein Reich von oben an. An den hellen Streifen unter den Flügeln erkennst du ihn. Und weil er so niedrig fliegt. Er hat eine Sondergenehmigung.«

Von oben betrachtet, täuscht die Anlage über das Labyrinth in ihrem Innern hinweg. Schon wenn man bei H. auf dem Dach steht, hat man diese klaren und imposanten Flächen vor sich. Einer Raumstation ähnlicher als einer Fabrik. Von der Hitze über den Stahldächern zittert die Luft. Ein schwaches Licht, das die Anlage in den warmen Nächten ausschwitzt. Punkt 21 Uhr gleiten die Planierraupen über das Gelände. Sie schwenken vom Haupttor herein, vier Stück, dicht hintereinander, und stecken ihre Scheinwerfer wie Fühler in die Nacht.

Geräusche dringen aus einem Abgrund, das gleichmäßige Rattern von Rädern auf Schienen und langgezogene und kurze Pfiffe, gedehnt klagende und spitz schrille, die Trillersignale der

Erzwagenfahrer und Entlader. Dazwischen die eigene Sprache der Anlage, die verschiedenen Brumm- und Heultöne, mehrmals am Tag und in der Nacht übertönt von dem Geheul der Sirenen, das durch die ganze Stadt brandet.

Es gibt Gänge in Sinter zwo, die monatelang kein Arbeiter betritt. Der Staub liegt dort so hoch, daß man annehmen könnte, seit Bestehen der Anlage habe noch kein menschlicher Fuß diese Staubschichten in Bewegung gebracht. Die Geländer sind zentimeterhoch mit Staub bedeckt, und sogar auf der dünnen Reißleine hat sich ein winziger Staubsteg gebildet. In diesen schmalen Gängen sickert das Neonlicht schwärzlich. Wer gezwungen ist, durch diese Staubkanäle zu waten, hat bereits nach kurzer Zeit keine saubere Stelle mehr an seiner Arbeitskleidung. Wenn er sich die staubigen Hände am Drillichanzug oder am Arbeitshemd darunter abwischen will, werden seine Hände nur noch schmutziger. Er atmet den Sinter ein, schwitzt und spuckt ihn aus, saugt mit jedem Atemzug neuen Sinter ein, pumpt sich die Lungen damit voll. Nach der Schicht spült kein Bier es weg. Der Kranführer an den Halden, der sechs Jahre in der alten Sinteranlage gearbeitet hat, wo es auch nicht schlimmer als bei uns staubt, ist bekannt für seine schwarze Spucke. Seit einem halben Jahr sitzt er in frischer Luft in seinem Krankasten und gleitet über die Halden. Seine Spucke hat immer noch die graue Farbe des Sinters. Er erhielt seinen luftigen Posten zugeteilt, weil er sich ein Lungenleiden zugezogen hat. »Schwarzrotzer« wurde er von einigen genannt, aber dieser Spitzname will sich nicht so recht durchsetzen. Denn die Spucke der anderen Sinterarbeiter ist nach Feierabend genauso, aber sie haben die Hoffnung, daß es sich gibt, wenn sie erst mal für immer aus dem Dreck heraus sind.

In die Gänge, wo uns der Staub bis an die Knie reicht, schickt uns Meister Z. in Abständen hinein. Bei jedem Schritt rieselt der Staub von Wänden und Decke. Hier sind wir mit unseren Schubkarren und Schippen machtlos. Wir schieben den Staub mit Brettern vor uns her und lassen ihn von Etage zu Etage hinunterstürzen. Parterre schippen wir ihn dann in die Karren und fahren ihn in den Kübel. Bei jedem Staubsturz rennen wir die Stahltreppe hinauf zur obersten Etage und klettern von dort durch den Notausstieg aufs Dach. Denn der aufgewirbelte Staub füllt die Halle so dicht, daß man puren Staub einzuatmen glaubt. Obwohl das Betreten des Dachs verboten ist, tun wir es doch. Anschließend gönnen wir uns eine Pause. Wir sitzen mit dem Rücken an den Kamin gelehnt; zuerst ist die Hitze angenehm, aber bald verbrennt man sich. Unter uns liegt die Rußstadt ausgebreitet. Die Fabrikhallen mit ihren kalten Lichtern. Und nachts der grelle Schein der Kohlenfeuer über dem Fabrikhallenmeer.

Von hier oben sieht alles geordnet aus, ein erhabener Anblick, von hier aus betrachtet, ist der Arbeiter Herr über die ganze Stadt, spielerisch und eins auf das andere eingerichtet sieht es von oben aus. Die Autos, Radfahrer, Fußgänger da unten auf den Zufahrtsstraßen zu den einzelnen Toren verkörpern trotz des Gewimmels eine beinah magische Ordnung, wie Mikroben unterm Mikroskop.

In den engen Gängen sieht das anders aus. Der Staub erdrückt uns, hüllt uns ein, lullt uns ein. – S. zum Beispiel, dieser schwarze Mehlwurm, rennt längst nicht mehr weg, wenn wir die Staubexplosion entfachen. Wenn alle sich aufs Dach flüchten, bleibt er zum Trotz. Er schluckt den Staub bis zum Zerbersten, er läuft nicht weg, er nicht. Voller Verachtung empfängt er uns, wenn sich die Staubschwaden verzogen und wir unsere Frischluftpause auf dem Dach beendet haben. Er steht dann da, noch einen Schimmer schwärzer als wir im Gesicht, und lacht uns aus, daß seine weißen Augen in dem schwarzen Gesicht blitzen.

»Ihr Feiglinge, ihr Affenschwänze, stiftengehen könnt ihr«, empfängt er uns. »Seht mich dagegen an, mir kann nichts mehr, ich bin gefeit.«

S. ist allen etwas unheimlich. Ich habe direkt Angst, wenn mich Meister Z. mit S. zusammen einteilt und uns in die Staubkanäle schickt. Dann macht es S. nämlich einen Mordsspaß, den Staub zu entfesseln. Ein paar Schritte hält er sich immer hinter mir, und dann plötzlich schlägt er mit der Schippe gegen die Wände, das Geländer und die Decke, daß der Staub uns einhüllt, jede Sicht nimmt und uns dem Ersticken nahebringt. Sein Gelächter hallt durch die Gänge, und ich möchte wissen, was er daran zum Lachen findet. Er ist ebenso der Dumme, er rotzt und röchelt anschließend genauso den Staub heraus, er ist »gesintert« bis in die letzte Pore hinein.

S. ist blöde, sagen die andern. »S. nimmt seinen Dienst ernst«, sagt Meister Z. »Ihr könnt mich alle mal«, sagt S., »meint ihr, der Sinter kann mir was?« – »S., Vorarbeiter, haha«, sagen die anderen. »Ja, Vorarbeiter«, sagt S. ernst, und zur Bestätigung hat er sich mit Lassoband einen gelben Streifen um seinen Schutzhelm gewunden.

S., 17 Jahre, will es zu etwas bringen bei uns. »Meister, wie wird man Meister«, fragte er kürzlich. »Immer dein Bestes geben und nie unangenehm auffallen, diese Voraussetzungen müssen dasein«, belehrt ihn Z. »Wenn du dir dann die Sporen verdient hast, ergibt sich das Weitere von selbst.« S. glaubt es, und Meister Z. läßt ihm gern die Illusion. Auch seinen Vorarbeiterfimmel redet er ihm nicht aus, im Gegenteil, er unterstützt ihn darin.

Als die beiden Alten vom Hochofen zu uns versetzt werden, setzt ihn Z. in aller Form zum »Vorarbeiter« über sie ein. Sie nehmen seinen Rang tatsächlich ernst und lassen sich von ihm herumkommandieren. Er gibt ihnen die Anweisungen, wie und was sie zu fegen haben, und damit die Arbeit auch nach etwas aussieht, falls der Meister vorbeikommen sollte, schlägt er gegen die Wände und gegen die Decke, daß die Staubschwaden alles einhüllen.

Jeden Tag lege ich meine Brote an eine sichere Stelle. In einen Plastikbeutel verpackt und mit mehreren Gummis fest umwickelt, damit der Staub nicht eindringt. Je nachdem, wo ich zu tun habe, suche ich den Platz aus. Am liebsten lege ich den Beutel ins Freie unter den Kübel, dort staubt es am wenigsten. Sonst suche ich mir einen Stahlträger aus, wo die Brote vor dem dicksten Staub sicher sind, eine Ecke mit Brettern oder eine Treppe. Gegessen werden sie meist an Ort und Stelle. Nach drei Stunden Arbeit frühestens, vorher besser nicht, das sieht der Meister nicht gern. Es gibt zwar keine ausdrückliche Vorschrift darüber, aber es hat sich stillschweigend so eingebürgert, ist zum ungeschriebenen Gesetz geworden. Meistens setzen sich welche zusammen, um zu »dubbeln«, gesprochen wird kaum dabei, aber man fühlt sich nicht mehr allein. An Sonn- und Feiertagsschichten oder auch schon mal bei Nachtschichten gestattet uns der Meister, die Dubbelpause in der Sinterwarte abzuhalten.

Mit dem Fahrstuhl geht's fünf Stockwerke hoch, die Aufschrift »Sinterwarte« neben dem Knopf hat jemand weggekratzt und mit Kugelschreiber »Sternwarte« danebengekritzelt. In der Sinterwarte ist die Luft heiß und stickig, und es riecht nach Schweiß. Auf die drei fahrbaren Stühle stürzen sich alle, die anderen machen es sich auf dem Boden bequem. Die Stahlwand ist senkrecht und eine gute Rückenlehne. Einige haben Bier in ihren Aktentaschen hereingeschmuggelt, teils in Thermosflaschen umgefüllt, und wenn der Meister nicht im Raum ist, trinken sie hastig in großen Schlucken.

Der Ofenmann, der neben dem Steuermann ständig in der Sinterwarte zu tun hat, trinkt sein täglich Bier literweise. Mangels eines besseren Verstecks hat er die Flaschen gleich neben seinem Ofen gestapelt. Er trinkt das Bier warm, und wenn es länger gelagert liegt, heiß. Zehn Flaschen sind seine übliche Schichtration. Sein Gesicht ist aufgedunsen. Mit einem öligen Lappen, mit dem er sich auch die Hände abreibt und den er zum Anfassen der glühenden Ofentür gebraucht, wischt er sich ständig über sein feuchtes Gesicht. Sein Gang ist schwerfällig und schleppend, darum wird er vom Steuermann Seemann genannt. Der Steuermann nimmt ihn wegen seines Saufens in Schutz. Er sagt: »Eine nüchterne Rechnung. Am Ofen schwitzt er täglich an die zehn Liter aus. Die muß er wieder auftanken.« An heißen Tagen, wenn die Hitze in der Anlage unerträglich ist, ist das Gesicht des Ofenmannes blau gedunsen. Er hat zuletzt über zwei Wochen krankgemacht, und als er sich wieder gesund meldete, war von einem Leberschaden die Rede.

Der Steuermann ist auch nicht zu beneiden in seinem Verlies. Obwohl die Luft in der Sinterwarte einigermaßen staubfrei ist und er viel sitzen kann bei seiner Arbeit, ist er hochgradig nervös. Ein falscher Knopfdruck von ihm kann die Produktion augenblicklich stillegen. Er ist für das Beschicken des Bandes verantwortlich. Läßt er es zu schnell laufen, werden die Erze nur unzureichend gesintert, und am Hochofen kann eine Panne passieren. Läuft das Band zu langsam, kann es ebenfalls unangenehme Folgen haben. Die Mischung der Erze ist nicht immer gleich. Er muß es auskalkulieren. Er hat eine bestimmte Tonnenzahl am Tag zu fahren, wenn er sie nicht erreicht, gibt es Krach mit dem Betriebsingenieur. Er muß seine Augen überall haben. Die flirrenden Lämpchen irritieren ihn. Wenn er auch nur einmal eins übersieht, kann das unabsehbare Folgen haben: für die Anlage und für ihn. Falls man ihm eine Nachlässigkeit oder gar eine grobe Fahrlässigkeit nachweist, wird er für den eventuellen Schaden geradestehen müssen.

Wenn er zwischendurch Zeitung liest, was verboten ist, beschränkt er sich auf die Schlagzeilen und die Fotos, das andere streift er flüchtig. Er hat besondere Fertigkeit entwickelt, die Schlagzeilen in sich aufzusaugen und gleichzeitig mit den Ohren zu sehen: Das Knacken der Relais verrät ihm das jeweilige Aufzucken der Lämpchen. Er ist der Weichensteller der Anlage. Eine falsch gestellte Weiche kann zur Katastrophe führen. Das weiß er genau, und darum drückt ihn die Verantwortung. »Ich möchte oft lieber wieder in den Sinterdreck zurück und auf die drei Groschen mehr in der Stunde verzichten und dafür wieder meine Ruhe haben«, sagt er. Er hat sich vor kurzem auf Magengeschwüre untersuchen lassen. Der Betriebsarzt hat eine fast schon chronische Magenschleimhautgeschichte entdeckt. Weniger rauchen und weniger trinken, hat er ihm angeraten.

Manchmal taucht ein Mann in der Sinterwarte auf, der die gleiche Arbeitskleidung anhat wie unser Meister, aber wesentlich älter ist. In der Anlage habe ich ihn erst ein- oder zweimal gesehen. Wenn er in die Sinterwarte kommt, setzt er sich meist vor das Schichtbuch und macht einige Eintragungen. Er sieht niemanden an und sagt zu niemandem etwas. Nur ein einziges Mal sah ich ihn das Wort an den Meister richten, es war eine kurze Mitteilung, die er zusätzlich noch schriftlich abgab. Er soll unser Obermeister sein. Welche Aufgaben er hier zu erfüllen hat, ob und wo er ein Büro hat, weiß keiner.

Ein Mann im weißen Kittel erscheint täglich und bestimmt einen Arbeiter, der ihm vom Band Sintermischung in ein Reagenzglas füllen muß. Sein tägliches Erscheinen gehört zu der Anlage wie die Sirenenklänge. Wir nehmen an, daß er die Sintermischung auf ihre richtige Zusammensetzung hin zu überprüfen hat.

In unregelmäßigen Abständen kommen Herren in Anzug und Krawatte zu uns in die Anlage und geben uns unterschiedliche Anweisungen, die wir zu befolgen haben. Mir wurde zuletzt von solch einem Herrn aufgetragen, den Schieber an einem Rohr zu betätigen, ihn auf- und zuzuschieben, wenn er mich dazu aufforderte. Er hatte sich mir nicht vorgestellt, benahm sich aber sehr korrekt und höflich. Mit einem weißen Taschentuch wischte er eine bestimmte Stelle am Rohr vom Staub frei, die er vorher durch Abklopfen ausfindig gemacht hatte. Dann hielt er sein Ohr an das Rohr und lauschte. Ich hatte auf sein Kommando hin den Schieber zu betätigen. Ich mußte an einen Arzt denken, der bei seinem Patienten die Herztöne kontrolliert.

Ein andermal mußte ich einen gut gekleideten Herrn durch die Anlage begleiten. Den Weg kannte er. Ich hatte nichts weiter zu tun, als ihm die Eisentüren zu öffnen, auf deren Türgriffen dicker Staub lag.

Häufig gehen auch Herren durch die Anlage, die uns nicht in Anspruch nehmen. Sie gehen meist sehr schnell, wie auf ein bestimmtes Ziel zu, das wir nicht kennen. Sie finden sich in den verschachtelten Gängen sehr gut zurecht, fragen nie nach dem Weg, als ob sie den Schlüssel zum Labyrinth besäßen. Ich weiß nie, wie ich mich verhalten soll, wenn ich einem von ihnen begegne. Soll ich sie grüßen oder so tun, als ob ich sie nicht bemerke? Normalerweise grüßt man sich, wenn man sich in einer einsamen Gegend trifft, auch wenn man sich nicht kennt. Ich habe anfangs auch gegrüßt, sagte guten Tag und nickte ihnen freundlich zu. Ich wurde aber nicht wiedergegrüßt. Ein einziger ließ sich auf mein »guten Tag« hin zu einem flüchtigen Kopfnikken herab. Dann habe ich nicht mehr gegrüßt. Bis mich dann plötzlich wieder einer grüßte, so freundlich, daß ich verblüfft war. Was soll ich davon halten? Ich habe mich beeilt wiederzugrüßen, an mir soll es nicht liegen. Das schien der Herr nicht erwartet zu haben, er schaute mich leicht verwundert an, und um seine Mundwinkel zuckte es. Das bilde ich mir womöglich nur ein, man wird überempfindlich hier, aber nachdem der nächste Herr meinen Gruß wieder ignorierte, bin ich völlig irritiert. Ich versuche fortan, ihnen rechtzeitig aus dem Weg zu gehen, oder wende meinen Blick einfach ab.

Vor nicht allzulanger Zeit wurde eine Dame durch unsere Anlage geführt. Das erregte Aufsehen. H. kam sogar von seinem Dach heruntergeklettert, um sie näher in Augenschein zu nehmen, wurde aber sogleich von Meister Z., der sich neben dem Betriebschef und dem Ingenieur in ihrer Gefolgschaft befand, auf seinen Dachposten zurückgeschickt. Die Dame trug Filzpantoffeln, wie sie auch bei Schloß- und Museumsführungen ausgeteilt werden, und war in ein Plastikcape gehüllt, das sie vor Staub schützen sollte. Trotz des unförmigen Umhangs und der breiten Filzpantoffeln war sie eine elegante Erscheinung. Der Rundgang schien ihr sichtliches Vergnügen zu bereiten. Sie lächelte charmant, wenn ihr unser Betriebschef mit großen Handbewegungen etwas erklärte, zierte sich ein wenig vor ihm und kokettierte einmal sogar mit unserem Meister, als dieser sich anschickte, ihr ein Brett aus dem Weg zu räumen. Sie trat absichtlich mit dem Fuß auf das Brett, als sich der Meister schon gebückt hatte und es in der Hand hielt. Als sie ihn dann noch anlächelte, wußte unser Meister dieses Sphinxlächeln nicht zu deuten: Stotternd entschuldigte er sich.
Die Dame mußte eine Direktorengattin sein, oder sie war im Auftrag einer staatlichen Behörde oder einer sozialen Institution bei uns. Ihr Alter ließ sich nicht schätzen. Es könnte zwischen Anfang 30 und annähernd 50 gelegen haben. Sie gehörte zu den Frauen, deren Make-up eine genaue Altersbestimmung nicht zuläßt. Wahrscheinlich war sie wesentlich älter, als sie sich den Anschein gab. Ihre gepflegten Hände machten einen welken Ein-

druck, und das stand im Widerspruch zu ihrem glatten Gesicht.

Der junge S. konnte es sich nicht verkneifen, ihr in gebührendem Abstand nachzugehen und sie, hinter Pfeilern versteckt, zu beobachten. Nachher machte er anzügliche Bemerkungen über sie. Noch Tage später beschäftigte sie ihn stark. Er malte uns aus, wie er »so eine am liebsten aufs Kreuz legen und vergewaltigen würde, falls ihm so was alleine begegnen sollte«.

Die Dame stieß kleine Entzückungsschreie aus, als sie in der Anlage die Sinterkatze entdeckte. Dieses bemitleidenswerte Vieh ist einmal von einem Arbeiter mitgebracht worden. Er muß die Anlage inzwischen verlassen haben oder kümmert sich aus irgendwelchen Gründen nicht mehr um das Tier. Die Katze gehört keinem. Keiner erhebt Anspruch auf sie. Sie ist auf die Gnade der Arbeiter angewiesen, die ihr schon mal etwas von ihren Broten abgeben. Mäuse findet sie bestimmt nicht in den Staubmassen. Bei Nachtschicht erschreckt sie mich manchmal, wenn sie plötzlich hinter einer Staubwolke auftaucht und nach imaginären Mäusen jagt. Sie ist sehr scheu und läßt sich von niemandem anfassen. Die Dame konnte sich gar nicht beruhigen und brachte die Führung ins Stocken, so erstaunt war sie, eine Katze hier vorzufinden. Sie wollte das »Kätzchen« unbedingt streicheln, aber als sie näher kam, sprang das Tier mit einem Satz in eine dunkle Ecke.

Sie versuchte es mit Schokolade hervorzulocken, aber die Katze kam nicht zum Vorschein. Der Meister begab sich hierauf in die Ecke und griff ins Dunkle, wo er die Katze vermutete. Er sah es wohl als seine dienstliche und menschliche Pflicht an, der Dame die heißersehnte Katze herbeizuschaffen. Er bekam sie zu packen, und wie ein Beutestück hielt er das miauende Tier der Dame hin. Diese hielt ihre Hand hin, um sie endlich zu streicheln. Die Katze biß sie, und vor Schreck ließ sie der Meister fallen. Wütend rief ihr die Dame nach: »Elendes Vieh«, und der Rundgang wurde fortgesetzt. Was die Dame zu sehen bekam, waren die Maschinen oder vielmehr die Auswirkungen der Maschinen, die zahllosen Bewegungen der Anlage, deren Sinn wir nicht kennen. Ich vermute, daß sie außer H. keinen zweiten Arbeiter zu Gesicht bekam, wir jedenfalls haben sie beobachtet und lange nach ihrem Besuch noch die Schlurfspur ihrer Filzpantoffeln gesehen. Am stärksten muß die Katze sie beeindruckt haben. Uns ist die Katze egal.

Wir müssen uns mit den Gegebenheiten abfinden. Das Erfinden und Vortäuschen von Arbeit verlangt Phantasie, ist oft mühseliger und lästiger, als wirklich zu arbeiten. Besonders bei Nachtschicht. Die Früh- und die Spätschicht haben meist die Arbeit schon getan, wir müssen uns nur in Bereitschaft halten, falls etwas schiefläuft. Wenn wir das nur dem Meister beibringen könnten, der müßte es dem Betriebsingenieur beibringen, der dem Betriebschef, der seinem Vorgesetzten und so fort, ich weiß nicht, bis wohin diese Kette geht, womöglich bis zum lieben Gott, womit dann wieder mal bewiesen wäre, daß alles seine gottgewollte Ordnung hat, woran nicht zu rütteln ist. Das sinnvollste bei Nachtschicht wäre, zu schlafen und sich wecken zu lassen, falls etwas schiefgeht. So zerfällt meine Arbeit bei Nacht in drei Phasen: Bis gegen ein Uhr kämpfe ich gegen den Schlaf an. Ich fege nur wenig Staub zusammen und verteile ihn wieder, wenn ich den Meister in der Nähe vermute. So brauche ich nicht so weit zu laufen.

Die »Arbeit« bleibt in meiner Nähe und ist überschaubar. Ungefähr um zwei Uhr mache ich mich auf den Weg zur Toilette und bleibe eine Viertelstunde dort. Ich döse leicht, und es ist ein angenehmes Gefühl, mit sauberen Händen dazusitzen. Ich habe immer ein Stück Seife bei mir. Ich wasche mir die Hände vor und nach der Toilettenpause. Nach der Pause wasche ich mir mehrmals die Hände und das Gesicht, obwohl ich weiß, daß das unsinnig ist, in kürzester Zeit bin ich wieder genauso schmutzig. Aber das Waschen selbst ist angenehm, ich könnte mich hier immerfort waschen.

Ich muß dabei an den Arbeiter von der Koksmühle denken, der den Tick mit der stark parfümierten Seife und den vielen Duftwassern hat. Wenn man sich seinem Arbeitsplatz nähert, riecht man ihn, noch bevor man ihn sieht. Nach der Arbeit unter der Dusche reibt er sich mit seinen diversen Wässerchen ein. Als ich

einmal nach dem Grund seiner Einparfümierung fragte, sagte er:
»Anders bekommst du den Geruch der Drecksarbeit nicht aus
dir raus.«

So ähnlich muß das auch mit meinem Waschzwang sein. Je
größer der Dreck, um so stärker der Reinlichkeitsfimmel. Nach
diesem Waschritual begebe ich mich in den Abschnitt, der mir
angewiesen worden ist. Ich arbeite jetzt sehr schnell, um nicht
einzuschlafen. Wenn ich mich hinsetze, ist es aus. In kurzer Zeit
schlafe ich ein. Eine Zeitlang habe ich mir zu helfen versucht,
indem ich mich gegen ein Geländer lehnte und den Besen in der
Hand behielt. Das sieht dann nur nach einem Augenblick des
Ausruhens aus, und der Meister hat keine Handhabe, wenn er
vorbeikommt. Aber der Besen entgleitet mir gerade in dem Moment, als er seinen Kontrollgang macht. »Sogar im Stehen
schläfst du, das ist die Höhe«, sagt er. Er läßt mich die Sinterwarte putzen, mit Schrubber ohne Stiel und Aufnehmer, das besorgen sonst die Putzfrauen auf der Frühschicht.

Gegen vier Uhr früh ist ein Stadium erreicht, wo man vergeblich
gegen den Schlaf ankämpft. Dann ist es mir oft egal, wenn mich
der Meister vermißt. Ich suche mir eine Stelle zum Schlafen aus.
Der Lärm kann noch so stark sein, er stört mich nicht mehr, wie
er einen Ohnmächtigen nicht aus seiner Ohnmacht weckt. In kalten Nächten lege ich mich unter den Schüttelrost. Die Hitze von
oben strahlt herunter, und die Eisenplatten sind angenehm
warm. Hier vermutet mich der Meister nie. Dieses ohrenbetäu-
bende Gestampfe und Schütteln ist normalerweise nicht die
rechte Nachtmusik. Es ist nicht so, daß sich meine Ohren im
Schlaf schalldicht verschließen, ich nehme den Lärm auf in meinen Schlaf. Aber er ist gemildert, und in den Träumen verwan-
delt er sich zuweilen in Musik. In beängstigende elektronische
Klänge, die mich oft aufschrecken lassen, aber dann weiß ich, es
ist nur ein Traum, und ich kann weiterschlafen. Der Staub rieselt
wie Schnee und deckt einen zu. Die Nasenlöcher verkleben, und
die eingeatmete Luft knirscht zwischen den Zähnen.

Nicht der Lärm stört diesen Schlaf; wenn die Anlage einmal
stockt, macht mich die plötzliche Stille wach. Es ist eine Stille,

die noch von einem ununterbrochenen fernen Geräusch angefüllt ist, ein sanftes Summen wie von einer Turbine. Diese Nächte
scheinen nie enden zu wollen.

In den wärmeren Nächten schlafe ich lieber im Freien. Da kann
ich durchatmen, und die ausgebrannte Schlackenerde ist weich
wie ein Daunenbett im Gegensatz zu den harten Eisenplatten.
Es ist trotzdem ein unruhiger Schlaf. Die Allgegenwart des Meisters verfolgt einen bis in den Traum. Wenn er mich entdeckt,
bekomme ich die Papiere. So ist es L. ergangen, der neben dem
Kratzband eingeschlafen ist und nicht mal wach wurde, als Z. mit
dem Fuß auf ihn trat. Leichtfertiges und grob fahrlässiges Verhalten, stand in dem Kündigungsschreiben. Es soll uns zur Warnung
dienen, ließ uns der Betriebschef nach L.s Kündigung durch Z.
ausrichten, und Z. faßte dabei diejenigen scharf ins Auge, die in
den Morgenstunden öfter unauffindbar sind. Aber solange er
einen nicht beim Schlafen entdeckt, kann er nichts machen. Das
ist das Gute an dem Labyrinth. Wenn man will, ist man unauffindbar. Ich war eben mal an der frischen Luft oder auf der Toilette oder habe den Mann von der Verladung abgelöst, weil er zur
Toilette mußte. Gegen solche Ausreden ist Z. machtlos. Um so
eifriger bemüht er sich, einen zu überführen. Seine ausgedehn-
ten Patrouillen verlegt er in die frühen Morgenstunden. Zu immer wechselnden Zeiten und an unvorhergesehener Stelle taucht
er auf. Ich habe jetzt vorgebeugt. Mit dem Nachtschichtarbeiter
halte ich Wache. Auf H.s Dach beziehen wir abwechselnd Stellung. H. hat abgelehnt, sich an der Wache zu beteiligen: »Das ist
zu gefährlich. Ich säg doch nicht am eigenen Ast, auf dem ich
sitze.« Man muß ihn verstehen. Er hat viel durchgemacht, ist
immer geduckt worden und zwangsläufig übervorsichtig. Der
Nachtschichtarbeiter hatte da weniger Bedenken. Seine Idee war
es auch mit dem Wacheschieben auf dem Dach. Er ist noch sehr
jung. Höchstens 25. Er arbeitet immer auf Nachtschicht und
springt von Schicht zu Schicht. Warum er nur nachts arbeitet,
verrät er mir einmal: Er arbeitet tagsüber anderswo. Bei einem
freien Unternehmer sechs Stunden täglich. Er kommt mit fünf
Stunden Schlaf aus. Der freie Unternehmer weiß von seiner
Doppelarbeit, auf der Hütte muß er es geheimhalten. Er steht

häufig unter Alkohol. »Sonst hältst du diese doppelte Maloche auf die Dauer nicht durch. Am Wochenende besauf ich mich regelmäßig. Sekt laß ich mir dann wie Wasser durch die Kehle rinnen, und es macht mir gar nichts aus, einen Hunderter auf den Kopp zu hauen. Und wenn ich 'ne flotte Alte dabeihab, wo ich weiß, bei der kannst du später 'ne Nummer schieben, laß ich auch noch ein paar Scheinchen mehr springen.« Der Nachtschichtarbeiter ist unverheiratet und hat für keinen zu sorgen. Er schindet sich doppelt für seinen Suff und die flotten Alten. Oder steckt mehr dahinter? »Die feinsten Bars sind gerade gut genug für mich. Und längst nicht mit jeder Alten geb ich mich ab. Du kannst mir glauben, wenn du mich da picobello und groß in Schale die Runden schmeißen siehst, erkennst du deinen Kumpel von Sinter zwo nicht wieder«, gibt er an.

»Nicht mehr vom Unternehmer zu unterscheiden«, will ich ihn aufziehen. Aber er geht ernst darauf ein. »Stimmt. Diese Zeiten sind vorbei. Meinen Chef vom Bau, dem der ganze Laden gehört, hab ich mal mitgeschleppt. Der hat den Weibern auch keinen Deut mehr imponiert. Wenn ich daran denke, wie sich mein seliger Alter jeden Freitag mit seinem Fusel besoffen hat und dann in der Gosse lag. Nee, da haben wir goldene Zeiten dagegen. Wer heute noch von ausgebeuteter Klasse spricht, den möcht ich am liebsten in die Fresse schlagen. Wer von den Industriebossen kann sich schon so 'n lockeres Leben leisten wie unsereins. Die krepieren doch alle am Managertod. Wenn wer wen ausbeutet, dann machen wir's mit den Industriebossen. Die können uns ja bald keine Löhne mehr zahlen, weil wir nicht maßhalten«, so der Nachtschichtarbeiter.

Ein älterer Arbeiter, der sich an unserer Wache hin und wieder beteiligt, meist in den warmen Nächten – »meine Pumpe macht nicht mehr so mit« –, hält ihm entgegen: »Bei uns zu Hause sieht das anders aus. Bei uns ist am Ersten oft schon Ultimo. Meine alte braucht 'nen Kühlschrank, 'ne Waschmaschine, Fernseher sowieso, und neulich ließ sie sich von so 'nem Vertreterfritzen sogar 'ne Spülmaschine aufschwätzen. Und alles vom Neuesten. Die neueste Fernsehtruhe; der alte Kasten wurde in Zahlung gegeben, und was die in dem Kasten dann anpreisen, muß sie auch haben: die Waschmaschine automatisch und den Kühlschrank mit enormem Fassungsvermögen. Dabei haben wir oft nichts zum Reinstellen. Wir leben von der Hand in den Mund. Dann sind die Raten am Ersten fällig, und dann warten wir schon auf den nächsten Ersten. Ich weiß nicht, wie ich's anstellen soll, daß die Kohlen stimmen. Weil die Nachbarin es hat, muß meine Alte es auch haben, und möglichst noch 'nen Typ neuer. Ich bin nur fürs Geldranschaffen da. Wenn ich von Nachtschicht komm, raunzt sie mich an, ich soll leise machen, die Kinder würden wach. Meinen Ältesten – der jetzt auch noch auf die höhere Schule soll, weil meine Alte sich das in den Kopf gesetzt hat, meine Kinder sollen mal was Besseres werden –, den seh ich nur jede dritte Woche, wenn ich von Frühschicht nach Haus komm. Dann darf ich ihn nicht stören, weil er Schulaufgaben macht. Er kriegt Nachhilfeunterricht, damit er die Aufnahmeprüfung besteht, unsereins kann ihm da nicht helfen. Ich möcht manchmal, daß wir noch mal vor der Währungsreform lebten, das war hart, aber normal. So leben wir auf Pump, als ob wir uns das alles leisten könnten, was uns da angedreht wird. Ich schlag meine Alte tot und zieh in 'nen Wohnwagen. Dann kann ich mich wenigstens satt essen.«

H., der auf dem Dach dabeisteht, wendet ein: »Immer noch besser so 'ne Alte als so 'ne, wie ich hab. Bei Nachtschicht betrügt sie mich mit 'nem jüngeren Kumpel von der Gegenschicht. Am liebsten würd ich sie zum Teufel jagen, aber find mal in meinem Alter eine Dumme, die dir den Fraß aufwärmt und die Klamotten in Ordnung hält. Da halt ich lieber die Schnauze und laß drei gerade sein. Die bringt's fertig und brennt noch mit dem durch.« Dann streiten sich die beiden, welche der beiden Alten das kleinere Übel ist. Jeder meint, die des andern.

Um sechs Uhr früh heulen die Sirenen. Die lange Nacht ist überstanden. H., der vor Übermüdung zittert, wäscht sich erst gar nicht, sondern steigt auf sein altes Rad und stakst, in der Kolonne der anderen Räder, nach Haus. Werksomnibusse öffnen sich und nehmen ausgelaugte Gestalten auf. Jüngere darunter, mit grauen Schläfen schon und fahlen Gesichtern. Ausgekotzt von der

Nacht. Die neue Schicht rückt heran. Die gleichen Gestalten, jetzt schon müde, bereits jetzt erschöpft, drei Stunden vorzeitig aus den Betten gerissen, mit schlafwandlerischen Bewegungen. Die Blicke der An- und Abrückenden treffen sich nicht.

Die Stadt erwacht. Kolonnen von Autos durchqueren die Rauchstadt. Ein wirres Knäuel von Scheinwerferschlangen, die sich vor einem der fünfzig Tore der Fabrikstadt wieder entwirren. Proviantwagen schaffen alles heran, was zum Leben gebraucht wird. Brotwagen, Fleischerwagen, Milchwagen, Kohlenwagen, Wagen, die die großen Warenhäuser mit dem lebensnotwendigen Kleinkram anfüllen. Dann Müllwagen wie Leichenwagen, die Platz schaffen für neue Konsumgüter und neue Arbeiter.

Im Ledigenheim habe ich Quartier bezogen. Dort schlafe ich mir die Müdigkeit aus den Knochen wie einen schweren Rausch. Ein schmaler Raum. Zwei Schritte von der Tür zu meinem Bett. Das Bett aus Stahlrohr. Auch der Schrank aus Stahl, mit einem Vorhängeschloß daran. Ein viereckiger Tisch und drei Stühle. Ein Bild an der Wand. Das Bett habe ich mir so eingerichtet, daß mein Kopf am Fenster liegt. Dadurch erspare ich mir den Anblick der Ziegelsteinfassade der Fabrikhalle. An der Wand mir gegenüber hängt das Bild ohne Rahmen. Eine Stiftung der Hütte. Eine automatische Walzstraße. Bunt.

Zwei weitere Betten stehen noch im Raum. Wenn ich von Nachtschicht komme, ist eins davon besetzt. Von dem Arbeiter, der Spätschicht hat. Ein Bett steht leer. Der dazugehörende Arbeiter hat Frühschicht. Der schlafende Arbeiter wird kurz wach, wenn ich eintrete. Er dreht sich auf die andere Seite und schläft weiter. Ich ziehe einen Stuhl an mein Bett heran, ziehe mich aus und lege meine Sachen über den Stuhl. Ich lege mich ins Bett, drehe mich zur Wand und schlafe dort ein. Eine Stunde später wird der Stuhl aus dem Raum gerückt, und eine elektronische Säuberungsmaschine wird durch den Raum gefahren. Zwei Putzfrauen rücken den Tisch einmal in die eine Seite des Raums und einige Minuten später in die andere. Sie bemühen sich, keine lauten Geräusche zu machen, und sprechen nur leise miteinander. Ich werde kurz wach davon und nehme den Reinigungsvorgang im Halbschlaf wahr. Das zweite Mal werde ich wach, wenn der Arbeiter, der Spätschicht hat, aufsteht. Er läßt einen elektrischen Rasierapparat surren und nimmt nicht so viel Rücksicht wie die Putzfrauen. Er knallt das Fenster auf oder zu, je nachdem wie das Wetter ist und wie der Wind sich gedreht hat. Bei Ostwind ist der Raum voll Qualm.

Das dritte Mal werde ich wach, wenn Post unter der Tür durchgeschoben wird. Nicht immer werde ich davon wach. Wenn der Hausmeister die Tür aufmacht, um eine dickeres Kuvert oder ein Päckchen ins Zimmer zu legen, fahre ich aus dem Schlaf hoch.

Kurz nach zwei Uhr mittags kommt der Arbeiter ins Zimmer, dessen Bett leer war, als ich kam. Oft legt er sich ins Bett oder setzt sich an den Tisch, ißt etwas und hört Radio dabei. Auch er weckt mich für kurze Zeit.

Vor vier Uhr nachmittags stehe ich selten auf. Dann gehe ich in den Waschraum. Dort stehen noch andere Arbeiter, die auch Nachtschicht haben.

Danach gehe ich in die Kantine, frage, ob Brötchen vom Morgen übriggeblieben sind, wenn nicht, kaufe ich geschnittenes Brot. Als Belag nehme ich Rahmkäse, immer dieselbe Sorte, weil keine andere geführt wird, die Leberwurst mit den dicken Speckstücken mag ich nicht. Ein oder zwei Flaschen Bier kaufe ich meist noch dazu und manchmal eine Flasche Trauben- oder Johannisbeersaft. Die trinke ich dann auf einmal, weil ich glaube, daß es gesund ist. Dann gehe ich wieder ins Zimmer hoch, esse und trinke das Bier aus der Flasche. Dazu höre ich Radio.

Oft macht das Bier mich müde. Ich lege mich dann aufs Bett und versuche zu lesen. Die werkseigene Zeitung »Unsere Hütte« oder eine andere Lektüre. Dabei schlafe ich manchmal ein.

Spätestens um neun Uhr abends muß ich wieder wach sein. Ich schmiere mir ein paar Brote zum Mitnehmen. Wenn ich zu spät wach geworden bin, wickele ich die Brotschnitten trocken ein oder lasse es. Um zehn Uhr abends muß ich auf Nachtschicht sein.

Der Arbeiter, der auf Frühschicht ist, wenn ich von Nachtschicht komme, redet gern. Es stört ihn nicht, wenn ihm niemand zuhört. Er erwartet auch keine Antwort. Er ist Vollwaise und noch keine einundzwanzig. In Heimen aufgewachsen, wollte er Elektriker werden. Der Staat bezahlte seine Ausbildung. Bei der Gesellenprüfung fiel er durch. Er hätte es gern noch mal versucht, aber der Staat ist in solchen Fällen hart. Der muß mit fremden Steuergeldern sorgfältig haushalten, das versteht er. Er mußte die Lehre ohne Gesellenprüfung abbrechen, man verschaffte ihm eine Stelle als Hilfsarbeiter. Es tut ihm jetzt leid, daß er die Prüfung nicht beim erstenmal geschafft hat. Elektriker findet er interessant, und er würde auf leichtere Art mehr Geld verdienen. Er bedauert, daß er keine Eltern hat, die hätten ihn sicher noch ein Jahr Lehre nachmachen lassen, immerhin fallen dreißig Prozent bei der Prüfung durch. Jetzt redet er viel über die technischen Daten von neuen Autos und welchen Wagen er sich kaufen würde, wenn er das Geld hätte. Er redet selten von etwas anderm, und er merkt nicht, daß ich ihm schon lange nicht mehr zuhöre.

Der dritte in unserem Zimmer redet kaum. Unter seinem Bett steht meist eine Flasche Korn. Als er sie einmal leergetrunken hat, erzählt er mir von seiner Frau, die ihm eines Morgens, er kam gerade von Nachtschicht, »wie aus heiterem Himmel« klarmachte, daß sie sich scheiden lassen wollte. »Es war nichts gewesen vorher. Unsere Ehe lief gut. Sie schüttete gerade Kaffee auf, als sie es mir sagte. Ich wollte nicht, aber sie bestand darauf. Beim dritten Gerichtstermin habe ich schließlich nachgegeben.« Das Kind wurde seiner Frau zugesprochen. Er hat noch drei Monate in der gemeinsamen Wohnung gewohnt und ist dann ins Ledigenheim gezogen. Er weiß bis heute nicht, warum sie sich von ihm getrennt hat. »Vielleicht, weil sie diesen Alltagstrott mit einem Arbeiter satt war. Sie hatte immer gedacht, ich hätte auf Abendkursen meine Facharbeiterprüfung gemacht und wäre dann noch Ingenieur geworden. Ich weiß noch, sie sagte oft: ›In Wirklichkeit bist du nicht mit mir, sondern mit der Fabrik verheiratet. Du kommst nur nach Hause, um zu essen und zu schlafen, und deine Kollegen kennst du besser als deine eigene Frau.‹ Sie ist verrückt, anders kann ich mir das nicht erklären. Heiraten werde ich bestimmt nicht mehr. Ich hab gehört, sie soll jetzt oft Besuch von einem Meister aus der Kokerei bekommen. Der hat selbst Frau und Kinder. Mein Junge tut mir leid.«

In den freien Tagen zwischen dem Wechsel der Schichtwochen besäuft er sich regelmäßig und bleibt oft den ganzen Tag im Bett liegen. Der andere geht an diesen Tagen oft tanzen. Er war bereits zweimal verlobt. Mit seiner zweiten Verlobten ging es auseinander, weil sie immer in Heimat- und Kriegsfilme gehen wollte, die er nicht mag. Denn er steht auf Krimis.

Auch das Ledigenheim gehört mit zur Fabrik, steckt mit in der Umklammerung. Die Stahlwerke brüllen in der Finsternis, und der Qualm bläht den qualligen Himmel auf. Die im Wind wehenden Handtücher vor den vielen Fenstern saugen sich voll Kohlenstaub.

Unter den unzähligen Fabrikgeräuschen ist die Stimme der Sinteranlage unverkennbar. Ein dreimaliger Sirenenschwellton, zunächst laut, dann leiser und wieder laut, ruft uns wie ein Warnsignal in die Anlage. In der Anlage selbst warnt uns niemand vor Gefahren. Als der Staubberg in zwanzig Meter Entfernung von mir hinunterstürzte, kam das völlig überraschend. Ich hörte es klatschen, so, als wenn ein plötzlicher Wolkenbruch niedergeht. Dann sah ich nichts mehr, und als die Staubwolken sich in dem zugigen Gang etwas gelichtet hatten, türmte sich der Berg vor mir auf. Zwanzig Meter weiter, und ich wäre verschüttet worden. wir hatten drei Tage zu schippen.

Im Hochbunker drei unter dem Fallrost läßt man uns ohne vorherige Warnung arbeiten. Immer wenn sich dort ein Haufen Steine angesammelt hat, wird ein Arbeiter mit Schubkarre hingeschickt, um die schweren Brocken wegzutransportieren. Die Anlage wird deswegen nicht zum Stillstand gebracht. Das kann keiner verlangen. Man braucht nur zu rechnen, um das einzusehen. Mindestens eine Viertelstunde benötigt man für diese Arbeit. Das bedeutete für das Werk ca. 12 000 Mark Ausfall. Eine Unsumme für diese lächerliche Arbeit.

Ein Unfall ist auch nicht wahrscheinlich. Höchstens alle zwei bis drei Stunden stürzt ein Steinbrocken herab. Und längst nicht immer ist es ein so großer, der gleich einen Arbeiter erschlägt. Die Arbeiter tragen schließlich nicht umsonst ihre Schutzhelme. Bis jetzt ist jedenfalls noch nichts passiert. Einmal fiel zwar einem Arbeiter ein kleinerer Brocken auf den Schutzhelm und schlug ein Loch hinein. Aber der Arbeiter bekam anstandslos einen neuen Helm.

Im Hochbunker drei sitzt der Arbeiter, der mit dem Zentralsteuerstand in Verbindung steht. Ich war dabei, als sich die beiden Arbeiter zum erstenmal gegenüberstanden, die sich nur als Stimme kannten. Über ein Jahr standen die beiden in Sprechverbindung, jetzt sahen sie sich das erste Mal und erkannten sich nicht. »Du bist der, der schon mal Schlager übers Radio durchspielt?« – »Nein, das macht mein Kumpel.« – »Dann geh wieder, dann interessierst du mich auch nicht.«

Im Außengelände von Sinter zwo, wo gebaut wird, fährt täglich ein Tieflader Eisenteile an. Mit dem Fahrer komme ich ins Gespräch, als er seine dritte Flasche Coca-Cola hinuntergestürzt hat und mit zittrigen Händen seine Brote auswickelt. Ich erfahre, daß er seit fast einem Jahr sechzehn Stunden pro Tag einen Tieflader fährt. Er hält mir seine zitternden Hände hin und sagt: »Diese Woche sind's wieder 96 Stunden. Zu Hause sacke ich oft vor Müdigkeit mit dem Kopf in den Teller. Und dabei arbeite ich nur fürs Finanzamt. In der letzten Lohnwoche ging fast die Hälfte des Überstundenverdienstes allein für Lohnsteuer weg. Den Reibach macht der Unternehmer.«

Der freie Unternehmer läßt im Auftrag der Hütte drei Tieflader fahren. Die Hütte zahlt ihm pro Wagen und pro Stunde 60 Mark. Sein monatliches Bruttoeinkommen beträgt demnach mehr als 80 000 Mark. Höchstens sieben Prozent gibt er für Löhne aus. Der Rest fließt zu einem Großteil in seine eigene Tasche. Dafür tut er nicht viel. Das Geschäft läuft sozusagen von selbst. Das Kapital für die Tieflader mußte erst mal dasein und dann Beziehungen zur Hüttendirektion, alles Weitere läuft von selbst. Der Fahrer sagt: »Ich habe die Arbeit nur bekommen, indem ich mich schriftlich einverstanden erklärt habe, die Doppelschicht zu fahren. Da verdient der Unternehmer noch mehr bei. Außerdem kriegt er schlecht Leute. Lange halt ich das nicht mehr durch. Dann hab ich einen Knacks weg.«

Als ich vier Monate in Sinter zwo arbeite, lese ich in der Zeitung, daß ein verregneter Sommer ist. Das ist mir bisher nicht aufgefallen. Auch daß Sommer ist, ist mir nicht aufgefallen. Der Rhythmus des Schichtwechsels läuft konträr zu jedem natürlichen Rhythmus. Tag, Nacht, Sommer, Winter sind nur noch Erinnerungen an eine vergangene Zeit. Einschlafen und Aufwachen zu immer wechselnden Zeiten, das ist unser Rhythmus. Ich weiß manchmal nicht, was der wirkliche Schlaf und das wirkliche Leben ist. Die Zeit in der Fabrik erscheint mir manchmal wie der Schlaf und die Zeit außerhalb der Fabrik wie der Traum davon.

Seit kurzem verändert sich manches in der Anlage. Die Roste auf dem Band, die bisher von einem Arbeiter mit einer Stange freigestoßen wurden, werden jetzt von einer Klopfmaschine gereinigt. Dem Arbeiter wurde gekündigt. Auch der Mann von der Mischtrommel bangt um seinen Posten. Er wird jetzt öfter zum Fegen herangezogen und die Mischtrommel von der Sinterwarte aus reguliert.
H. sagt doch neulich: »Ich weiche hier nicht. Jede Handbreit auf meinem Dach werde ich verteidigen. Oder die sollen mir eine neue Stelle besorgen. Hier, genau unter uns, laufen noch Stollen der Hüttenzeche. Ich bin froh, daß ich da raus bin. Und jetzt soll ich diese Arbeit verlieren.«
Der Betriebschef läßt uns zu sich rufen, spricht von »neuer technischer Revolution« und vom »letzten Schritt der Automatisierung« und daß wir uns »so langsam nach einer neuen Stelle umsehen sollen«. »Die Anlage wird im nächsten Vierteljahr mit der halben Mannschaft auskommen. Bereits jetzt halten wir euch mehr aus Luxus hier.«
Diese Worte des Betriebschefs bringen einige Unruhe unter die Arbeiter.
»Man kann nichts machen«, sagt der Mann von der Mischtrommel. »Wir werden alle noch Frührentner wider Willen«, sagt ein anderer.

Abends treffen wir uns ausnahmsweise in einer Kneipe, um zu überlegen, ob sich etwas tun läßt. Nach den ersten Bieren haben wir vergessen, warum wir zusammengekommen sind. Wir sprechen weder über die Arbeit noch über die Anlage. Wir reden kaum etwas. Wir trinken und rauchen und blicken zu den anderen Tischen. Dort sitzen Arbeiter und warten auf ihre Schicht. Sie rauchen und blicken hinaus. Sie sind genauso gekleidet wie wir. Sauber und nicht zerlumpt. Einer trägt sogar einen Hut auf dem Kopf.

Anmerkungen

Die erste Reaktion auf diese Reportagen war eine Vorladung des Verfassers zur politischen Polizei in Köln. Grund: Die Berichte hatten nicht nur in der inländischen Presse Aufsehen erregt, sondern auch im Ausland. Auszüge erschienen in Frankreich, Schweden usw., aber auch in der DDR, ČSSR, UdSSR und Jugoslawien, meist ohne Wissen des Verfassers. Der Dienststellenleiter ließ ihn wissen, daß hier der Verdacht landesverräterischer Beziehungen vorliege, und verlangte eine schriftliche Erklärung, daß der Autor auch künftighin keine Kontakte zu Ostblockorganen pflegen würde. Als der Verfasser, der damals noch unter Pseudonym veröffentlichte, sich gegen diese Form der Nötigung verwahrte und mit Veröffentlichung drohte, erhielt er innerhalb einer Woche den Bescheid über die Einstellung des Verfahrens.

Die Industrie versuchte, den »neuen sprachlichen Realismus« dieser Reportagen, den *Wirtschaft und Erziehung* am 15. November 1967 eine »scharfe Waffe« nannte, zum Beispiel so zu unterlaufen:

»Gerade die Behandlung wirtschafts- und sozialpolitischer Themen unter dem Rubrum ›Gesellschaftskritik‹ bietet immer wieder Anlaß zu kritischen Stellungnahmen. G. W.s Reportagen aus der industriellen Arbeitswelt sind ein klassisches Beispiel für die unsachgemäße Behandlung des *Sachbereichs Wirtschaft*. Gesellschaftskritische Reportagen ohne Korrektur durch sachliche Information können verhängnisvoll wirken in einer Zeit, in der die Mehrheit der Bevölkerung sorgenvoll nach der weiteren wirtschaftlichen Entwicklung fragt, und in der die geistigen Schichten sich für den ihnen fremden Lebensbereich Betrieb und Wirtschaft interessieren.«

Das schrieb Günter Triesch, Leiter der Abteilung »Verbände, Parteien, Recht« des Deutschen Industrieinstituts in der Industriellen-Festschrift *Immer auf der Brücke.*

Triesch bezog sich auf eine Sendung des WDR aus den Industriereportagen, die von Arbeitgeberseite attackiert worden war und den Programmbeirat auf den Plan rief. Man beschloß, solche Beiträge, »die einseitig Arbeitnehmerinteressen wahrnehmen«, in Zukunft nicht mehr zuzulassen.

Eine weitere Reportagenfolge im Hessischen Rundfunk, die ein außergewöhnliches Hörerecho fand, stieß gleichfalls auf Mißbilligung. Unter der Überschrift ›*Klassenkampf im Abendstudio*‹ warnte der *Rundfunkspiegel* des Deutschen Industrieinstituts am 28. Juli 1966:

»Seit dem 14. Juli sendet das Abendstudio... in wöchentlichem Abstand im zweiten Frankfurter Hörfunkprogramm in bester Programmzeit um 20 Uhr die vierteilige Reihe ›*Die Betriebsreportage*‹ von G. W.«

Hauptargument:

»Der ›Erfahrungsbericht‹ dieses jungen ›Arbeiterliteraten‹ verrät in jeder Zeile eine tiefe Abneigung gegen die Arbeit und eine gesteigerte Empörung gegen einen gesellschaftlichen Zustand...

Es wäre für den Hessischen Rundfunk ein leichtes gewesen, die unwahrscheinlichsten dieser Unglaubwürdigkeiten seines Autors zu prüfen, etwa in Informationsgesprächen mit Betriebsräten und Werksleitungen. Dies wäre sogar redaktionelle Pflicht gewesen, bevor der Rundfunk dazu mißbraucht wurde, solche sozialpolitische Hetze... auszustrahlen.«

Auch auf »Sozialpartner«-Ebene gelang es den Mächtigeren, die Wirkung der Reportagen einzuschränken. Zum Beispiel das Zwei-Millionen-Blatt der IG Metall, das die Berichte des Verfassers seit einiger Zeit abdruckte, wurde durch gezielte Beeinflussung davon abgebracht. Der 3. Vorsitzende der IG Metall erhielt ein Schreiben des Duzfreundes aus dem Vorstand der August-Thyssen-Hütte AG Duisburg:

»... konnte ich Dir bereits mündlich kurz über die Unruhe und Empörung, die über die oben genannte Artikelserie im Hambor-

Arbeitskollegen auf dem Dach der Mischtrommel von »Sinter zwo«, Thyssen

ner Bereich der ATH herrschen, berichten. Ich möchte dies heute schriftlich ergänzen, ohne dabei auf Einzelheiten einzugehen... Die Tendenz der Artikelserie ist absolut negativ und herabsetzend...

Hier werden bis heute anständige Leute in ein Zwielicht gebracht, die es m. E. niemals verdient haben... Wenn zu mir leitende Angestellte kommen, die... mir ihre Zweifel an dem Inhalt eines offiziellen Organs des Vorstandes der IG Metall offenbaren und mich fragen, ob das die wirkliche Meinung des Vorstandes in Frankfurt ist, dann gebe ich die Frage hiermit weiter...

Wie kann man die Dinge aus der Welt schaffen?... Auf keinen

G. W. beim »Sinterstaubentsorgen«

Fall möchte ich durch diesen Brief erreichen, daß eine Diskussion über die Artikelserie in *Metall* stattfindet...
Ich wage aber kaum zu hoffen, daß durch meinen persönlichen Brief die Fortsetzungsreihe gestoppt werden kann.«
Er täuschte sich. Sie wurde gestoppt.

Gegen einige Reportagen, die damals noch mit Namensnennungen der jeweiligen Firmen erschienen, wurden einstweilige Verfügungen erlassen, Schadenersatzforderungen und Prozesse angestrengt.
So versuchten etwa die Plemperer-Werke (*Im Stahlrohrwerk*) für

das Durchbrechen der Informationssperre eine Entschädigung von 100 000 DM durchzusetzen. Die IG Metall, in dem feudalistisch geführten Betrieb damals nicht geduldet, hatte zusammen mit dem Verfasser vor den Werktoren eine Flugblattaktion durchgeführt, wobei die Reportage verteilt und weitere Kampfmaßnahmen angekündigt wurden. In Werksnähe war ein Aktionsbüro eingerichtet worden, das fast ein Jahr lang die Arbeiter dieses Schwerpunktbetriebs mobilisierte; so lange, bis ein starker Gegenbetriebsrat im Werk die Interessen der Arbeiterschaft wahrzunehmen wagte.

Die Plemperer-Werke erwirkten über das örtliche Gericht eine einstweilige Verfügung gegen den Verfasser, die Zeitschrift *Metall* und den verantwortlichen Chefredakteur »aus dem Gesichtspunkt der Ehrverletzung heraus«, die untersagte, »die verleumderischen Attacken, die gegen die Antragstellerin geritten würden, um den bestehenden *Betriebsfrieden* zu stören«, fortzusetzen.

Dem Inhaber der Plemperer-Werke, der eine maßgebliche Rolle im regionalen Arbeitgeberverband spielt, kam es allem Anschein nach darauf an, den Verfasser wirtschaftlich zu ruinieren. Wurde der »erlittene Schaden« anfangs noch auf 100 000 DM bemessen, wuchs er anläßlich eines neuen Antrags bereits ins Unermeßliche.

»Der Umfang des der Klägerin durch die schuldhaften und rechtswidrigen Handlungen der Beklagten entstandenen und noch entstehenden Schadens ist im gegenwärtigen Zeitpunkt noch nicht konkret zu ermitteln. Die Klägerin hat daher ein berechtigtes Interesse i. S. des § 256 ZPO an der alsbaldigen Feststellung der Schadenersatzpflicht der Beklagten.

Der Schaden der Klägerin besteht einmal darin, daß durch die Verbreitung der verleumderischen Behauptungen in Arbeitnehmerkreisen der Eindruck erweckt wird, als ob die Klägerin ein Arbeitgeber sei, der seine Arbeitnehmer ausbeute, terrorisiere und sie nicht einmal vor Unfallgefahren schütze. Es bedarf keines Hinweises, daß derartige Behauptungen in einer Zeit der Vollbeschäftigung negative Auswirkungen auf ein Unternehmen zwangsläufig haben müssen. Durch den nachgenannten Zeugen wird unter Beweis gestellt, daß das Angebot der Arbeitskräfte um 50% zurückgegangen ist.

Beweis: Zeugnis des Personalleiters P., zu laden bei der Klägerin.

Der Schaden der Klägerin besteht weiter darin, daß ihre mit Mühen und Kosten aufgebauten Beziehungen zu Abnehmern im Gebiet der sogenannten DDR gestört sind. Die sowjetzonale Presse und der sowjetzonale Rundfunk haben begehrlich die Veröffentlichungen der Beklagten aufgegriffen und verbreitet. Der Name der Klägerin war seit dem Erscheinen der bösartigen Artikel der Beklagten in der DDR nahezu täglich in der Presse und im Rundfunk. Das hat die Geschäftsverbindungen zwangsläufig empfindlich gestört. Der Klägerin sind zahlreiche Mitteilungen zugegangen, die beinhalten, daß man mit einem solchen Unternehmen, das angeblich nach dem ›Führer-Prinzip‹ regiert werde und bei dem Zustände herrschten, wie sie im einzelnen Gegenstand der Unterlassungsansprüche der Klage sind, keine Geschäftsverbindung mehr aufrechterhalten könne.

Beweis: Zeugnis des Prokuristen J., zu laden bei der Klägerin.

Auch dieser Schaden ist z. Zt. nicht annähernd meßbar.«

In eigener Sache wandte sich der Firmeninhaber mit einem Aushang am Schwarzen Brett an seine »Lieben Mitarbeiter und Mitarbeiterinnen!«

»Nun haben Sie die 3 Nummern der IG-Metall-Zeitung mit den famosen Artikeln des Herrn Günter Wallmann erhalten [damaliges Pseudonym des Verfassers]. Die meisten von Ihnen werden sie als das erkannt und eingeschätzt haben, was sie sind, und was sie bezwecken: eine auf vielfachen Unwahrheiten und Entstellungen fußende Hetze, um Unruhe in unserem Betrieb zu stiften.

Ich will nicht auf das Niveau dieser Hetzartikel heruntersteigen, insbesondere versage ich es mir, auf die mich persönlich betreffenden Gehässigkeiten einzugehen.

Ich will Ihnen nur einige wenige Tatsachen vor Augen führen und bitte Sie, daraus sich selbst ein Urteil zu bilden.

Herr Günter Wallmann, der verantwortlich für die Artikel zeichnet, hat sich unter dem Namen Günter Wallraff, geb. am 1. 10. 1942 in Burscheid, als Arbeitssuchender in unserem Personalbüro gemeldet und ist in der Adjustage unseres Werkes als Hilfsarbeiter tätig gewesen. Halten Sie es für ehrlich und anständig, wenn sich jemand unter falschem Namen in einem Betrieb einschleicht mit dem geheimen Auftrag, Material für eine Hetze gegen Betriebsleitung und Betriebsrat zu sammeln?... In vertrauensvoller Zusammenarbeit mit dem von Ihnen gewählten Betriebsrat sind beachtliche Leistungen in unserem Betrieb Jahr für Jahr unseren Betriebsangehörigen zugeflossen. Das soll auch in Zukunft ohne fremde Einmischung – auch nicht der IG Metall – geschehen.

Mit der über die Grenzen des Landes hinausgetragenen Hetze wird der Erfolg unserer gemeinsamen Arbeit gefährdet. Wollen Sie es hinnehmen, daß damit letzten Endes auch Ihr Verdienst, Ihr Arbeitsplatz gefährdet wird? Und wollen Sie es sich gefallen lassen, daß ein junger Mann, der ohne fachliche Kenntnisse einmal in einen Betrieb hineinriecht, auch Sie, die Sie zum größten Teil schon jahrelang bei uns treu und redlich Ihre Pflicht erfüllen, als dumm und zum Teil verantwortungslos hinstellt und beleidigt.

Geben Sie diesen Störenfrieden die rechte Antwort, indem Sie sie mit Verachtung strafen.

Ich vertraue auf Ihre Einsicht und die weitere verantwortungsbewußte Mitarbeit aller, die guten Willens sind.«

Zwei Arbeiter – H. und M. –, die nicht »guten Willens« waren – sie hatten im Werk für die Gewerkschaft geworben –, wurden von Plemperer fristlos entlassen.

Der Arbeiter S. kam mit einer Verwarnung davon:

»Wir erhielten davon Kenntnis, daß Sie während der Arbeitszeit in der Abtlg. Sitzgestellfertigung versucht haben, andere Kollegen für den Beitritt zur Gewerkschaft zu werben. Es erübrigt sich eigentlich, darauf aufmerksam zu machen, daß diese Haltung unzulässig ist. Für den Fall, daß sich entsprechende Vorkommnisse wiederholen, sehen wir uns gezwungen, Sie zu entlassen. Gez. Plemperer«

Vom Arbeiter T. liegt eine eidesstattliche Erklärung vor: »Ich erkläre hiermit an Eides Statt, daß mir bei meiner Einstellung bei den Plemperer-Werken von dem Personalchef W. die Frage gestellt wurde, ob ich gewerkschaftlich organisiert sei. Ich habe die Frage bejaht, worauf W. mir erklärte, dann könne eine Einstellung im Betrieb nicht erfolgen. Da ich aber auf Arbeit dringend angewiesen war, habe ich gegenüber W. erklärt, dann müsse ich eben aus der Gewerkschaft austreten. Daraufhin bin ich eingestellt worden.«

Dem ehemaligen Polizist L., der bei Plemperer als Anschreiber angestellt war und die überfüllten Pendlerbusse beanstandet hatte, wurde mit folgender Begründung gekündigt:

»...da es uns unzumutbar ist, einen Arbeitnehmer zu beschäftigen, der durch eine ungerechtfertigte Strafanzeige seinem Arbeitgeber gegenüber grob treuwidrig handelt.«

Wie es um den *Betriebsfrieden* in den Plemperer-Werken – auf den sich der Unternehmer so oft beruft – bestellt ist, geht aus folgender Aktennotiz des Aktionsbüros hervor:

»Meister P. trieb seine Kollegen ständig an. Wenn er einmal selbst mit Hand anlegte, dann ging es von Zeit zu Zeit wild her. Es passierte dann auch häufig, daß Werkzeuge, wie Brechstange, Schaufel und Besen usw. durch die Gegend flogen... Meist fing er an zu treiben und zu schreien. Seine Schlagwörter waren und sind auch heute noch: laß gehen, beeil dich, ich reiße dir den Arsch auf. Sein letzter Schrei ist seit ca. 3 Jahren eine Trillerpfeife. Wenn man P. nicht sieht, kann man ihn von weither hören. Sein Benehmen ist meist tobend, vor allem dann, wenn ein Ingenieur oder Meister in der Nähe ist.«

Der 17jährige Lehrling H. berichtet, wie es zu seiner Kündigung kam:

»Wie bereits bekannt, bin ich von Meister P. wiederholt getreten worden (mindestens 6mal). Einmal hat er mich ins Gesicht geschlagen. Diese Vorfälle hatte ich bei der Industrie-Gewerkschaft Metall gemeldet. Als P. das erfahren hatte, wurde ich von ihm besonders scharf beobachtet. Am 28.7. bin ich dreimal zur Kantine gegangen. Darauf wurde ich von P. angesprochen. Er zitierte mich mit einem Pfiff zu sich. P. sagte mir, ich solle nicht immer in der Gegend umherlaufen und andere Leute von der

Arbeit abhalten. Zum Einkaufen von Sprudel und dergleichen ist ein älterer, nicht mehr ganz arbeitsfähiger Kollege zuständig. Diesen habe ich an dem Tage aber nicht einmal zu Gesicht bekommen. Das ist der Grund, warum ich für mich und andere Kollegen zur Kantine ging. Am 29.7. morgens 5.50 Uhr nahm ich pünktlich die Arbeit auf. Wir säuberten Regale und Ersatzteile im Lager, die durch das Hochwasser stark verschlammt waren. Um 9.00 Uhr machten wir unsere Frühstückspause. Nachdem ich mit dem Essen fertig war, spielte ich ein Liedchen auf meiner Mundharmonika. Um 10.30 Uhr spielte ich nochmals ca. 3 Minuten. Um 10.45 Uhr kam P. zu mir und verlangte meine Mundharmonika. Er erklärte, meine Kollegen seien bei ihm gewesen und hätten sich über mich beschwert. Das kann aber nicht stimmen, denn von 10.30 – 10.45 Uhr waren meine Kollegen alle am Arbeitsplatz. P. nahm mich dann zu Diplom-Ing. H. mit und trug ihm vor, daß ich Mundharmonika gespielt habe und somit die Leute von der Arbeit abgehalten habe. H. sagte, so gehe es nicht weiter... Er sagte P., er solle diesen Fall Diplom-Ing. S. vortragen. Wir gingen dann zu S. Doch P. wiederholte nur das, was er bereits zu H. gesagt hatte. Die erste Reaktion von S. war, daß er Personalchef P. anrief und ihm sagte, er möge meine Papiere fertig machen. Wörtlich hat S. gesagt: ›Herr P., ich habe hier einen Mann, der taugt nicht für die Arbeit, machen Sie bitte die Papiere fertig.‹ Anschließend sagte mir S., wir müssen das Arbeitsverhältnis kündigen. ›Oder‹, so fragte er dann, ›kündigen Sie selbst?‹ Ich war in diesem Augenblick sehr erregt, weil ich mir keiner Schuld bewußt war. Ich sagte das auch zu S. und fügte hinzu: ›Ich habe doch immer die gleiche Leistung gebracht wie meine Kollegen.‹ Nachdem noch mal die Frage gestellt wurde, ob ich nun kündigen wolle oder nicht, sagte ich ja. Ich hatte die ganze Zeit versucht, auf die Vorwürfe zu antworten, wurde aber überhaupt nicht angehört.«

Der Arbeitgeberverband teilt der IG Metall zu diesem Vorfall lakonisch mit:

»Namens der Geschäftsleitung der Plemperer-Werke weisen wird den gegen Herrn P. erhobenen Vorwurf zurück. Es bestand und besteht damit auch keine Veranlassung für Ihre im letzten

Satz Ihres Schreibens an die Geschäftsleitung gerichtete Bitte, dafür Sorge zu tragen, daß in Zukunft von Vorgesetzten gegenüber Untergebenen weder Körperverletzungen noch Beleidigungen erfolgen. Im Betrieb unserer Mitgliedsfirma werden Vorgesetzte, die sich gegenüber Untergebenen derartiger Entgleisungen schuldig machen, nicht beschäftigt.«

Damit war der »Betriebsfrieden« wiederhergestellt.

Alles, was den Betriebsfrieden stören könnte, möchte Plemperer verbieten lassen – das zeigt der Bericht eines Gewerkschaftssekretärs über ein Gespräch mit diesem Unternehmer:

»Meinen Hinweis, das Streikrecht sei im Grundgesetz verankert und deshalb legitim, beantwortete Herr Plemperer damit, dann müsse das Grundgesetz eben geändert werden. Streiks dürften nicht durchgeführt werden, da doch Unternehmer und Arbeiter in einem Boot säßen. Seine Belegschaft habe das erkannt, und deshalb bestehe zwischen ihm, dem Betriebsrat und der Belegschaft ein gutes Verhältnis. Er habe auch jedem Belegschaftsmitglied vor Weihnachten ein diesbezügliches Schreiben ins Haus geschickt.«

In einer »Weihnachtsbotschaft« des Unternehmers Plemperer, der sich in einem Kündigungsschreiben an einen Untergebenen einmal selbst als »Brotherr« bezeichnete, hieß es:

»Liebe Mitarbeiter und Mitarbeiterinnen!

Zum bevorstehenden Weihnachtsfest und aus Anlaß des zu Ende gehenden Jahres möchte ich mich auf diesem Wege an Sie und Ihre Familie wenden. Es ist doch recht so und durchaus üblich, nach einem abgeschlossenen Jahr Rückblick zu halten, um aus dem vergangenen zu lernen, die Fehler auszuschalten und sich mit guten Gedanken und Überlegungen für das neue Jahr zu rüsten...

Nachdenklich sollten wir werden, wenn wir feststellen, daß wir heute in der Welt die geringste Arbeitszeit haben. Das deutsche Volk, das früher als eines der fleißigsten und arbeitsamsten in der Welt galt, verfügt heute über die meiste Freizeit. So haben wir im kommenden Jahr 238 Arbeitstage gegenüber 127 Ruhetagen. Das bedeutet, daß noch nicht einmal zwei Arbeitstagen ein Ruhetag gegenübersteht. Ob sich unser Volk auf die Dauer dieses leisten kann, ist eine große Frage besonders dann, wenn man bedenkt, wieviel Not es noch in der übrigen Welt gibt ... Wenn Sie bedenken, was alles nach zwei verlorenen Weltkriegen geschaffen worden ist und daß alles das auch in erster Linie dem ständig vorwärtsstrebenden Unternehmertum, unseren Erfindern und Wissenschaftlern zu danken ist, sollten wir bestrebt sein, uns diesen Stand in der Welt zu erhalten. Trotzdem müssen wir leider sehr oft feststellen, daß durch Neid und Mißgunst diese Kreise in Mißkredit gebracht und verleumdet werden.

Nachdem wir uns einen beachtlichen Wohlstand in Deutschland geschaffen haben, sollten wir aber sehen und erkennen, daß es neben den materiellen Dingen auch noch andere gibt, und darauf bedacht sein, daß unsere Seele durch eine zu große egoistische Einstellung und durch einseitiges Wohlstandsdenken nicht zu kurz kommt. Viel zu weit haben uns diese Anschauungen schon vom wahren Christentum entfernt. Wir alle sollten mehr Achtung und Respekt vor der Arbeit des anderen haben und unserem Nachbarn mit mehr Verständnis und Nächstenliebe begegnen, unseren Mitarbeitern und Vorgesetzten mit menschlicher Achtung.

Wenn wir uns alle Mühe geben, dieses zu beherzigen, wird das Zusammenleben im neuen Jahr noch besser sein und ein tieferes Glück und Zufriedenheit die Menschen erfüllen. Ihnen und Ihren Familien wünsche ich aufrichtig ein gesegnetes, frohes Weihnachtsfest und – anknüpfend an die vorherigen Gedanken – ein gutes neues Jahr in einer echten Verinnerlichung.«

Nachwort

Er wünsche sich, hat Günter Wallraff in »Nachbetrachtungen« zu seinen bis 1974 entstandenen Reportagen geschrieben, daß seine Arbeiten irgendwann nur noch als historische Relikte für eine Zeit dastünden, die überwunden sei.

Nun hat sich auch dort, wo Wallraff zwischen 1963 und 1965 war, um seine ersten Reportagen zu schreiben, die Industriewelt verändert. Ob sie das, im Vergleich zu seinen – in vielen Details gewiß verjährten – Beobachtungen und Befunden zum Besseren oder zum Schlimmeren getan hat, das im einzelnen zu beurteilen bin ich nicht befugt. Für industriesoziologische Untersuchungen mögen diese Texte bereits zu historischen Quellen werden, auch der Literaturwissenschaft rücken sie deutlicher als damals, da sie aus jeder Art von Rahmen zu fallen schienen, in den Kontext der 60er Jahre, übrigens nicht zu ihrem Schaden. Als historische Relikte lesen sie sich indessen auch zu Beginn der 90er Jahre nicht. Nachdem sie immer mal wieder zusammen mit späteren Arbeiten neu aufgelegt wurden, werden die frühen Industriereportagen hier noch einmal so präsentiert, wie sie 1966, unter dem Titel »Wir brauchen Dich. Als Arbeiter in deutschen Industriebetrieben«, zum ersten Mal als Buch erschienen und den Autor über die Gewerkschaftspresse hinaus, wo sie bereits zuvor Unruhe gestiftet hatten, bekannt machten. Die »Jubiläumsausgabe«, ein Vierteljahrhundert nach der ersten Buchveröffentlichung, gibt Anlaß, sich auf Wallraffs Debüt zu besinnen. Auf diese Weise läßt sich am ehesten rekonstruieren, was diesen Autor ausmacht und was wir an ihm haben. Und was wir nach wie vor an seinen ersten Reportagen haben.

Man kann diese heute so sehen, daß Wallraff sich mit ihnen, die sich so entschieden gegen alles »Erfinden« beim Schreiben wenden, selbst erfunden habe, und das, trotz aller späteren Verwandlungen, wie ein für allemal. Wenn ich nach einem Begriff suche, der diese entschlossene Selbstsetzung zu kennzeichnen in der Lage wäre, dann scheint es mir zutreffend, zu sagen, Wallraff habe sich mit diesen frühen Arbeiten als Publizist, als *Publikmacher* entworfen: als jemand, ein für allemal, der veröffentlicht.

Publizist ist Wallraff in einem emphatischen Sinne, also nicht bloß im Sinne des Verlegenheitsbegriffs, der bei uns für Leute in Gebrauch ist, welche man nicht recht einzuordnen weiß zwischen dem Journalismus und der Literatur und die sich zudem in verschiedenen Medien bewegen. Auch mit der Einordnung von Wallraffs Arbeit hat es seit jeher Schwierigkeiten gegeben. Wenn sich darin ebenfalls Verlegenheit ausdrückte, dann war das nie die von Wallraff selbst. Der, denke ich, hat von Anfang an danach getrachtet, als Journalist die Literatur und als Schriftsteller den Journalismus zu verändern.

Literatur und Journalismus gehen in Wallraffs Reportagen sofort eine genaue Verbindung ein und verändern einander auf eine genaue Weise. Es ist der *Journalist Wallraff*, der dem Schriftsteller Wallraff auferlegt, eine Literatur der Fakten zu produzieren. Und es ist der *Schriftsteller Wallraff*, es ist Wallraffs Begriff von Literatur als Lebenszeugnis, der dem Journalisten Wallraff abverlangt, gesellschaftliche Zustände nicht bloß zu recherchieren, sondern sich ihnen, als Betroffener, als Opfer wenn nötig, persönlich auszusetzen.

Angesichts all dessen, was danach kam und das Bild dieses Autors geprägt hat, muß man sich ja eigens vergegenwärtigen, daß Günter Wallraff sich als Günter Wallraff in die Industriewelt aufgemacht, daß er einen falschen Namen anfangs erst für die Veröffentlichung seiner Erfahrungen dort benutzt hat. Als sich seinerzeit ein Günter *Wallmann* in Gewerkschaftszeitungen zu dort unerhörtem Wort meldete, da wollte es den Ertappten so scheinen, als handele es sich bei dem von ihnen arglos eingestellten Günter Wallraff, geb. am 1.10.1942 in Burscheid, zu allem übrigen auch noch um einen Betrüger. Dessen Entlarvung am Schwarzen Brett des Stahlrohrwerks gehört zu den reichlich eingestreuten komödienhaften Episoden in Wallraffs Wirken.

Bei den späteren Steckbriefen zur Warnung von Einstellungsbüros, die Wallraff zu seinen berühmt gewordenen Rollen verhalfen, handelt es sich bereits um Folgen der frühen Reportagen. Wallraff ist in seiner Dankrede zur Verleihung der Carl-von-Ossietzky-Medaille 1984 auch noch einmal auf die Entstehung der Arbeitsmethode eingegangen, die seine Gegner als »Einschleichen« bezeichneten. »Diese Methode hat sich lange entwickelt. Ich war gezwungen, aus der anfänglichen Not diese sogenannte Untugend zu machen. Am Anfang meiner Arbeit konnte ich mich noch unter meinem richtigen Namen einstellen lassen. Die ersten Angriffe von Arbeitgeberseite, die nach den Veröffentlichungen meiner *Industriereportagen* in Gewerkschaftszeitungen kamen, warfen mir noch mangelnden Überblick und fehlende Erfahrung und mein jugendliches Alter vor. Ich war damals 21 Jahre alt, als ich damit begann. Nun, inzwischen bin ich älter und an Erfahrungen reicher geworden. An meiner Grundhaltung hat sich nichts geändert. Es wäre mir heute noch lieber, weiter unter meiner normalen Identität solche Rollen zu übernehmen, mir das als Recht herauszunehmen, was für andere bedrückende alltägliche Pflicht ist. Aber seitdem mir dieses Recht genommen worden ist, bis hin zu Steckbriefen in Personalbüros von Großunternehmen, über den ›Unternehmer-Warndienst‹ verbreitet, ist mir nur die Möglichkeit der Tarnung oder, um im Jargon meiner Gegner zu bleiben, das sogenannte ›Einschleichen‹ geblieben.«

Wenn Wallraff bekundet, es sei ihm noch zwanzig Jahre nach seinen ersten Expeditionen in die Industriewelt lieber, unter seiner »normalen Identität« in die Rolle des Fabrikarbeiters zu schlüpfen und sich das als »Recht herauszunehmen, was für andere bedrückende alltägliche Pflicht ist«, dann tut er das, weil er sich weiterhin in dem Sinne als Schriftsteller versteht, daß für ihn gesellschaftliche Aufklärung immer auch Lebenszeugnis sein muß. Das ist im übrigen genau das Moment, mit dem alle moderne Literatur sich dem »Projekt Aufklärung« zugehörig erklärt und sich doch gleichzeitig von ihm absondert.

Die Art und Weise, wie in Wallraffs Erfahrungsberichten literarische und journalistische Antriebe eine komplexe Verbindung eingehen, hat auch eine komplexe Rezeption dieser Texte ermöglicht. Entgegen einer fortschreitenden Ausrichtung aller Medien an sogenannten Zielgruppen, als fixe Größen gedacht und als Abnahmegarantie beschworen, haben Wallraffs Reportagen eine denkbar unterschiedliche Leserschaft produziert.

Sie haben denen etwas gesagt, die mit Zuständen, wie sie von den Reportagen publik gemacht wurden, nur allzu vertraut waren. Für lesende Arbeiter, für Arbeiter, die Wallraff erst zu Lesern gemacht hat, haben sie dadurch funktionieren können, daß sie etwas zu literarischer Sprache brachten, was dort ein für allemal nicht hinzugehören schien. Ich denke, so werden diese Reportagen auch jetzt, wo das gerade aufgrund der Wirkungen von Wallraffs Arbeit nicht mehr so unerhört ist wie seinerzeit, noch funktionieren können.

Einem bürgerlichen Lesepublikum mag Wallraff seinerzeit dagegen eher als eine ganz neue Art von Reiseschriftsteller erschienen sein, zurückgekehrt von Expeditionen in unbekannte Weltgegenden mit fremdartigen Populationen und empörenden Bräuchen. Ich möchte hier als Zeugen nur Heinrich Böll bemühen, der als Sachverständiger im Verfahren gegen Wallraff wegen »Ausweispapiermißbrauchs pp.« bei der Gerling-Aktion vor dem Kölner Landgericht am 9. November 1976 aussagte und zugunsten von Wallraffs Arbeit u. a. geltend machte, diese habe ihm »einen ungeheuren Einblick in gesellschaftliche Fakten verliehen, die ich niemals bekomme«. Böll meinte damit auch, daß Wallraff Lesern seiner Erfahrungsberichte ermögliche, ihre Mitverantwortung für die ihnen bis dahin unbekannten gesellschaftlichen Fakten zu erkennen und künftig aktiv wahrzunehmen.

Damals zu diesen Lesern gehörend, zu solchen also, bei denen Wallraffs Reportagen verblassende Erinnerungen an Erfahrungen als »Werkstudent« wachriefen, welchen sie aber vor allem zu Kenntnissen über ihnen völlig unbekannte Gegenden unserer Gesellschaft verhalfen, ist es mir beim Wiederlesen dieser

Texte nach all der Zeit seltsam ergangen. Sie sind für meine persönliche Wahrnehmung dadurch aktueller geworden, daß die Reichweite dessen, was sie zeigen, sich deutlich erweitert hat. Ich denke, die Industriewelt, welche Wallraffs frühe Reportagen beschreiben, ist aus der Perspektive sogenannter geistiger Berufe heute in geringerem Maße eine ferne und fremde Welt als noch vor fünfundzwanzig Jahren. Die umfassende Industrialisierung der Arbeitswelt, im Sinne einer völligen Austauschbarkeit der Arbeitskraft, der Quantifizierung von Leistung und der Mechanisierung von Abläufen hat in diesen Berufen seither große Fortschritte gemacht. So gehen Wallraffs Industriereportagen, ohne ihre frühere Funktion, uns an unsere Mitverantwortung zu erinnern, einzubüßen, unsereins heute auf neue Art an.

Vom 12. April bis zum 22. August 1965 arbeitete Wallraff als »Reiniger« in der August-Thyssen-Hütte in Duisburg-Hamborn. Seine Reportage »›Sinter zwo‹ – im Stahlwerk«, mit dem die frühen Industriereportagen schließen, ist ganz deutlich der herausragende Text.

In einer kleinen Studie über »Kisch und Ich heute« ist Günter Wallraff 1977 auf Parallelen, aber auch auf Unterschiede zwischen seinen Reportagen und denen von Egon Erwin Kisch eingegangen. Einen wesentlichen Unterschied sieht er darin, daß er nicht als literarischer »Held« seiner Reportagen auftrete, nicht als jemand, der wie Kisch stets »Agierender« bleibe, »auch wenn seiner Arbeit alle nur möglichen Steine in den Weg gelegt werden. Bei mir ist das anders. Ich beginne eine Aktion, um später darüber zu schreiben. In den meisten Fällen, jedenfalls in sehr vielen, tritt ein Moment ein, wo mehr mit mir geschieht, als daß ich etwas geschehen lasse. Erst später, beim Schreiben, verwandle ich mich zurück in die Rolle des Berichterstatters und Anklägers. Das war so am Band, das war so als ›Alkoholiker‹ in der psychiatrischen Klinik, das war im faschistischen Griechenland so und jetzt auch im ›Untergrund‹ bei *Bild*.«

Bei »›Sinter zwo‹ – im Stahlwerk« scheint das nicht ganz so gewesen zu sein. Die Reportage liest sich heute so, als sei es Wallraff in diesem Falle nicht oder doch in geringerem Maße gelungen, sich beim Schreiben aus der Rolle des Reinigers in einem »düsteren

Land« zurückzuverwandeln in die Rolle des »Berichterstatters und Anklägers«. Nicht daß es dem Text an Distanz und durchdachter Struktur fehlte, im Gegenteil. Diese weitaus umfangreichste Reportage ist zugleich diejenige, in der sich Wallraff erstmals mit augenfälliger Sicherheit seiner zuvor erprobten literarischen Mittel bedient. Aber der Text berichtet von einer Erfahrung, wo nicht nur »mehr mit mir geschieht, als daß ich etwas geschehen lasse«, er ist vielmehr erfüllt von Entsetzen darüber, was da mit dem Reiniger Wallraff geschehen ist, einem Entsetzen, das selbst Band und Akkord nicht hatten bewirken können. Dieses blanke Entsetzen hängt offensichtlich damit zusammen, daß der Reporter diesmal in ein System hineingeraten ist, in dem »Maschinen Maschinen regieren« und wo es nur gelegentlich vorkommt, daß die automatisch arbeitende »Anlage« die in dem weitläufigen Gelände von »Sinter zwo« sich verlierenden Arbeiter »ernsthaft braucht.«. So beginnt die Reportage mit dem Spott des Vorgesetzten über den Neuankömmling, der wie gewohnt seinen künftigen Arbeitsplatz »ganz gern mal sehen möchte«. »Junger Mann, Sie haben noch Vorstellungen, Arbeitsplatz, wenn ich das höre, die Anlage arbeitet kontinuierlich; (...) da sind Sie überall und nirgends, werden das schon spitzkriegen, wie ich das meine, da gibt's nichts zu zeigen.«

Es gehörte zum Verfahren der voraufgegangenen Reportagen, kleine Porträts der Kollegen einzumontieren, mitzuteilen, was über sie in Erfahrung zu bringen war. In der Sinteranlage, wo ein Dutzend Arbeiter, so genau weiß das niemand, »überall und nirgends« sind, wird die mutmaßliche oder manifeste Anwesenheit anderer unheimlich. »Zufällig lerne ich den Mann von der Mischtrommel kennen. Er hat mich über eine Stunde heimlich beobachtet, ehe er mich anspricht.« »Der Meister, den ich in der Nähe vermute, kommt aber nicht zum Vorschein. Aber er ist da. Vorgestern noch stand er eine halbe Stunde unbeweglich am Fenster vom Umlenkturm IV und blickte auf mich herab, wie ich den Staub unter dem Band hervorkratzte.« »Häufig gehen auch Herren durch die Anlage, die uns nicht in Anspruch nehmen. (...) Ich weiß nie, wie ich mich verhalten soll, wenn ich einem von ihnen begegne. Soll ich sie grüßen oder so tun, als ob ich sie nicht bemerke. Normalerweise grüßt man sich, wenn man sich in einer einsamen Gegend trifft, auch wenn man sich nicht kennt.«

Aber auf unheimlichem Terrain sind auch Wunder möglich, und wie ein wirkliches Wunder, das Gespenstische des Ortes der Handlung nur um so deutlicher hervortreten lassend, wird erzählt, wie der Reiniger Wallraff den Kollegen H. trifft und mit ihm dessen Geburtstag feiert. Dieser Arbeitskollege ist ihm zuerst, einige hundert Meter entfernt, als »ein sich immer wieder bewegender Punkt auf dem Dach neben dem Kühler« aufgefallen, da meint er aber noch, es handele sich wohl eher um eine Transportlore. Eines Tages jedoch schlägt ein Stein vor ihm auf, an dem mit Draht ein Zettel befestigt ist. »Komm mal hier nach oben und trink einen Schluck aus der Pulle. Hinter Rü II geht die Leiter hoch.« Der Kollege H. verstößt mit dieser steinzeitlichen Kontaktaufnahme in einer der modernsten Industrieanlagen Europas gegen strenge Verbote. Aber wenigstens an seinem Geburtstag will er ein bißchen Gesellschaft haben. So erfährt der Reporter und so erfahren wir seine Geschichte.

Vergleichsweise ausführlich erzählte Geschichten auch von den anderen Arbeitern in der Sinteranlage strukturieren die Reportage aus dem Stahlwerk, und es ist, als ob der in den »Berichterstatter und Ankläger« zurückverwandelte Reiniger Wallraff sich mit diesen Geschichten noch im nachhinein gegen das Entsetzen wappnen müsse, das ihm »die Anlage« bereitet hat. Die Reportage aus der Sinteranlage ist, noch über Akkordhetze und Lohndrückerei hinaus, wie sie in den anderen Reportagen in prägnanten Konstellationen vorgeführt werden, ein großes Stück Prosa über das, was Menschen sich auszudenken und was sie einander anzutun vermögen. Die Bilder und Geschichten aus »Sinter zwo« lassen hinter der dargestellten industrieweltlichen Realität eine gespenstische Wirklichkeit hervortreten, einen exemplarischen Ort menschlichen Versagens. Das mindert mitnichten die soziale Verbindlichkeit auch dieses Textes. Aber es stellt ihn den stärksten Erzählungen von menschlicher Entfremdung und gesellschaftlicher Fehlentwicklung an die Seite, welche die deutsche Gegenwartsliteratur vorzuweisen

hat. Daß es sich bei ihm nur um die Industriereportage eines drei-
undzwanzigjährigen Debütanten handelt, sollte dieser Einsicht
nicht im Wege stehen.

Leo Kreutzer*

* Professor für Neuere Deutsche Literatur und Vergleichende Literaturwissenschaft an der Universität Hannover.